Süße Vielfalt im Kraichgau-Stromberg

Faust und Springerle zwischen Kraich und Zaber

Waltraud König, Renate Hörner

ISBN 978-3-86037-467-2

1. Auflage

Lüchower Straße 13a, 29459 Clenze
Telefon (0 58 44) 97 11 63-0
Telefax (0 58 44) 97 11 63-9
mail@limosa.de, www.limosa.de

Redaktion:
Waltraud König, Renate Hörner

Lektorat:
Doreen Rinke

Satz und Layout:
Lena Hermann, Zdenko Baticeli, Christin Stade

Korrektorat:
Ulrike Kauber

Unter Mitarbeit von:
Britta Arndt

Medienberatung:
Waltraud König, Renate Hörner

Gedruckt in Deutschland.

S3 Karlsruhe - Bruchsal - Heidelberg
S31 Karlsruhe - Bruchsal - Odenheim
S32 Karlsruhe - Bruchsal - Menzingen
S4 / S41 Karlsruhe - Bretten - Eppingen - Heilbronn
S5 Karlsruhe - Pforzheim - Mühlacker - Vaihingen - Bietigheim-Bissingen - Stuttgart
S9 Bruchsal - Bretten - Mühlacker
S5 Heidelberg - Neckargemünd - Meckesheim - Waibstadt - Aglasterhausen (ab 2010)
S6 Heidelberg - Neckargemünd - Meckesheim - Sinsheim - Eppingen (ab 2010)

Stadt über 20.000 Einwohner
Stadt bis zu 20.000 Einwohner
Selbstständige Gemeinde
Ortsteile
Bundesstraße
Verbindungsstraßen
Autobahn

Waltraud König
Renate Hörner

Süße Vielfalt im Kraichgau-Stromberg

Faust und Springerle zwischen Kraich und Zaber

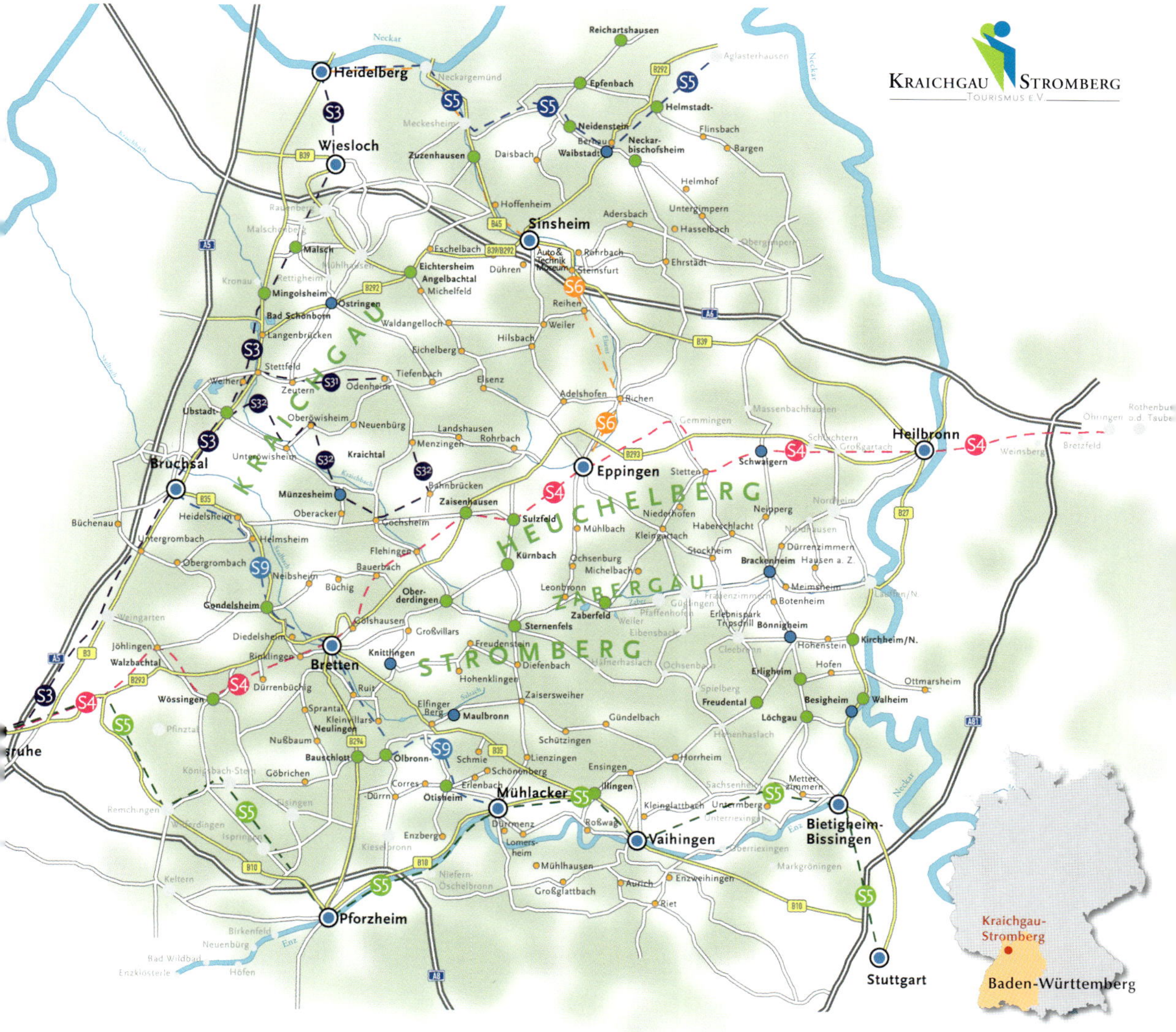

Geschichtenverzeichnis

Inhaltsverzeichnis

Amthof in Oberderdingen

Ein Geleitwort

In gut einem halben Jahrzehnt ist dies bereits das dritte Buch, das Frau König und Frau Hörner mit und für uns erstellt haben. Das ist keine Selbstverständlichkeit, sondern Ausweis einer fantastischen Zusammenarbeit und verlegerischen Erfolgs. Dafür können wir uns an dieser Stelle nicht genug bedanken. Auch nicht für die üppigen Arbeitstreffen in Bretten, wo es nach einem halben Tag intensiver Diskussion und gefühlten drei Kilo mehr auf den Rippen beim Aufbruch heißt: »Aber nächstes Mal bringen Sie mal mehr Zeit mit!«.
Gleichauf mit dieser Gastfreundschaft ist das zähe Durchhalten auch in schwierigen Perioden, die jedes komplexe Buchprojekt mit sich bringt. Aufgeben gibt es nicht, auch unangenehme Arbeiten werden sauber durchgezogen, auch wenn man vorher noch eine Runde Hausputz machen muss, um sich seelisch auf den einen oder anderen Angang vorzubereiten. Und so entsteht mit Blick für die Zeiten und Motive, wenn Frau König die Kamera im Anschlag hat und den gedanklichen Notizblock zückt, aus zahllosen Kontakten und Gesprächen im Kraichgau-Stromberg und mit dem Verlag, erneut ein Heimatbuch für den Kraichgau-Stromberg, wie es dies zuvor nicht gegeben hat. Danke, Frau König, danke Frau Hörner.
Diesmal geht es um die süßen Seiten des Lebens im Kraichgau-Stromberg. Und Achtung, Ihr Männer unter den Lesern, Euch sei ins Stamm- und in dieses Koch- und Backbuch geschrieben: Liebe Kraichgauer, dankt dem Herrgott für Eure Frauen!

Die Autorinnen

Waltraud König, lange Jahre ehrenamtlich bei den Landfrauen tätig, Mutter zweier erwachsener Kinder und Großmutter dreier nicht ganz so erwachsener Enkel, geht in ihrer wenigen freien Zeit ihren Hobbys Malen, Fotografieren und Kochen nach. Man merkt, dass sie beim Büchermachen voll in ihrem Element ist.
Renate Hörner, lange Jahre Vorsitzende des örtlichen Landfrauenvereines, verheiratet und Mutter zweier Kinder, ist ihres Zeichens ein wandelndes Historien- und Anekdotenlexikon; kaum eine zweite ist durch ihre jahrzehntelange Lektüre von Geschichtsbüchern und Biografien dermaßen in dieser Materie bewandert. Sie ist stets die sichere Bank, wenn es darum geht, für die jeweiligen Themen das entsprechende erzählerische Fundament zu setzen.

Uwe Hils, im Oktober 2011

Renate Hörner

Zu diesem Buch

Nach dem erfolgreichen Erscheinen unseres Kraichgau-Kochbuches wurden wir immer wieder auf Rezepte für Kuchen und Desserts aus unserer Region angesprochen. Daher war es nur eine Frage der Zeit, wann wir das Buch über die »Süße Vielfalt« herausbringen würden, zumal wir im Kraichgau-Kochbuch ein ganzes Kapitel über süße Speisen wegen Platzmangels streichen mussten. Schon damals war uns klar, dass es noch viele Rezepte gibt, die nicht fehlen dürfen.
Mit diesem Buch hoffen wir nun, alle Bereiche unserer regionalen Kochkultur abgedeckt zu haben. Natürlich gibt es noch viele Rezepte mehr, die aber den Rahmen dieses Buches sprengen würden. So haben wir hier die wichtigsten und beliebtesten Rezepte für Torten, Kuchen, Desserts, Marmeladen, Getränke und Weihnachtsgebäck für Sie aufgeschrieben und hoffen, Ihnen einen lukullischen Überblick unserer Region Kraichgau-Stromberg zu bieten. Wir haben uns bemüht, die Rezepte leicht verständlich niederzuschreiben, um auch Ungeübten die Zubereitung zu erleichtern. Neben kulinarischen Spezialitäten finden Sie auf den folgenden Seiten wieder Bilder und Beschreibungen unserer wunderschönen Heimat in ihrer ganzen Vielfalt und Besonderheit. Sie erfahren auch Geschichten über berühmte Personen, erhalten Hintergrundinformationen und lesen über interessante Begebenheiten.
Die Rezepte sind thematisch in Kapitel eingeteilt, so dass Sie leicht das Gewünschte finden können. Im Anhang erhalten Sie auch Erläuterungen zu Abkürzungen sowie zu Maßen und Gewichten. Am Schluss dieses Buches präsentieren sich noch verschiedene gastronomische und gewerbliche Betriebe unserer Region.

Viel Spaß beim Lesen, Nachkochen, Backen und Genießen
wünschen Ihnen

Waltraud König Renate Hörner

Waltraud König und Renate Hörner

Waltraud König

Das Wichtige vorweg ...

Ein herzliches Dankeschön an alle, die mit ihren Rezepten, Informationen und Fotos zum Gelingen dieses Buches beigetragen haben.

Besonderen Dank an:
- Oberbürgermeister Martin Wolff und Elke Wolff, Bretten
- BM Karlheinz Hauser, Gemeinde Kürnbach und Frau Elke Dörlich
- BM Thomas Nowitzki, Gemeinde Oberderdingen und Frau Jördis Giese
- BM Wolfgang Bratzel, Gemeinde Zaisenhausen
- BM Sigrid Hornauer, Gemeinde Sternenfels
- Natanja Hoffarth, Gemeinde Pfaffenhofen
- Maren Hartmann, Gemeinde Angelbach
- Kraichgau Stromberg Tourismus e.V.
- Neckar Zaber Tourismus e.V.
- Dietmar Gretter, Naturpark Stromberg-Heuchelberg e.V.
- die Fotografen: Fridus Klaasen, Walter Meffle, Thomas Rebel, Anke Rieth, Alfred Schroth
- Roland und Anneliese Albert, Bretten-Bauerbach
- Bernhard de Bartoli, Kraichtal-Unteröwisheim
- Christa und Walter Fichtner, Bretten-Ruit
- Hilde Goll, Bretten
- Heike Hamberger, Faustmuseum Knittlingen
- Sigrid Haug, Bönnigheim
- Gudrun Martin, Bretten-Neibsheim, Heidi Meffle, Kleinvillars
- Anette Monninger, Neipperg
- die Montagsmaler, insbesondere Claudia Fesenbeck und Monika Wein
- Renate Nußhag, Angelbachtal
- Kurt Sartorius, Bönnigheim
- Hermann Sommer, Haberschlacht
- Stanislaw Tkatschenko, Moskau
- Anastasia Usenko, Jens Schmidtgen, LRA Karlsruhe
- Rudolf Vögele, Ersingen
- Walfriede Wolf, Bretten
- und den Verlag Edition Limosa und seinen Mitarbeitern

Das Amtsgericht in Bretten

Liebe Leserinnen und Leser,

Süße Vielfalt – der Titel des vorliegenden Kochbuchs beschreibt nicht nur, was Sie auf den folgenden Seiten an kulinarischen Köstlichkeiten erwartet. Er drückt vielmehr auch das aus, was die Region Kraichgau und Stromberg ausmacht: eine interessante, abwechslungsreiche Landschaft, die zu Recht auch die Toskana Deutschlands genannt wird. Bei ihren Streifzügen durch die Küchen des Kraichgaus und Strombergs ist es den beiden Autorinnen Waltraud König und Renate Hörner wieder gelungen, traditionelle und moderne Rezepte für Torten, Kuchen und Desserts zu sammeln. Ergänzt werden die Rezepte für die landestypischen Leckereien durch interessante Geschichten. So erfahren Sie Wissenswertes über berühmte Persönlichkeiten, historische Ereignisse und nette Anekdoten aus einer Region, die mit seiner hügeligen Landschaft, den Weinbergen, Streuobstwiesen und mittelalterlichen Ortschaften einen ganz besonderen Reiz ausstrahlt. Die Vielfalt dieser Landschaft, seiner Bewohner und seiner regionalen Spezialitäten sind in diesem Kochbuch vereint.

Ich wünsche Ihnen viel Spaß und gutes Gelingen beim Nachkochen, Backen und Ausprobieren.

Ihr

Martin Wolff
Oberbürgermeister der
Melanchthonstadt Bretten

Der Marktplatz in Bretten

Der Kraichgau
mit dem Naturpark Stromberg-Heuchelberg

Der Kraichgau

Der Kraichgau, zwischen Rhein, Neckar und Enz gelegen, wird umsäumt von den Städten Heidelberg, Heilbronn, Bietigheim, Pforzheim, Karlsruhe und Bruchsal. Diese Region ist geprägt von 1000 Hügeln, von Orten mit malerischen Fachwerkhäusern, bunten Wiesen, Äckern und herrlichen Rebhängen. Durch seinen fruchtbaren Lössboden ist der Kraichgau seit Jahrhunderten ein typisches Bauernland, auf dessen Böden alle Gemüse- und Getreidearten, Kartoffeln, Tabak, Obst und Wein prächtig gedeihen und reiche Ernten einbringen – ein wahres Schlaraffenland.

Betteleiche in der Scheuerwiese Ruit

Die Landsknechte beim Peter- und Paul-Festumzug in Bretten

Unzählige Burgen und Schlösser zeugen von den mittelalterlichen Herrschaften, die das alte Siedlungsland geprägt haben und heute zu den touristischen Anziehungspunkten gehören. Herausragend ist hier die alte Stauferfestung Burg Steinsberg bei Sinsheim, die auf der höchsten Erhebung des Kraichgaus (333 Meter) vor etwa 1000 Jahren erbaut wurde. Von dort bietet sich ein Ausblick auf die einzigartige Landschaft bis in den Odenwald, Pfälzerwald, Schwarzwald und die Vogesen.

Der Naturpark Stromberg-Heuchelberg

Aus diesem sanftwelligen Hügelland erhebt sich wie eine Insel der Naturpark Stromberg-Heuchelberg. Mit seinen ausgedehnten Rebanlagen, gekrönt von Laubwäldern, bietet sich dem Betrachter eine Landschaft voller Anmut und Beschaulichkeit, die den Alltag schnell vergessen lässt. Es ist ein Genuss, diese idyllische Natur und die vielfältige Tier- und Pflanzenwelt mit Herz und Sinnen zu genießen. Deshalb kommt dem Naturpark aufgrund seiner zentralen Lage zwischen den Ballungsräu-

Herbstlicher Blick zum Büschlehof vom Derdinger Horn

Schindelbergkapelle bei Östringen

men Stuttgart, Heilbronn und Karlsruhe eine besondere Bedeutung als Erholungsgebiet zu.

Die höchste Erhebung des Strombergs ist der Michaelsberg bei Cleebronn mit 394 Metern, vom Heuchelberg ist der Heidelberg mit seinen 336 Metern am höchsten. Der Heidelberg wird gekrönt von der Heuchelbergwarte, von der man bei schönem Wetter weit in die Landschaft, über die Burg Steinsberg im Kraichgau und ins Neckartal schauen kann. Ein hervorragend ausgebautes Wegenetz ermöglicht es, die Gegend mit dem Rad oder zu Fuß zu erkunden. Zahlreiche Gasthöfe und Besenwirtschaften laden ein, die regionalen Speisen und die ausgezeichneten Weine zu kosten.

Seltene Tiere und Pflanzen

Einzigartig ist der Naturpark als Lebensraum seltener Tier- und Pflanzenarten. Durch das Vorkommen von Blauracke, Heidelerche, Mittelspecht, Wanderfalke und anderer selten gewordener Vogelarten ist der ganze Stromberg heute Vogelschutzgebiet. Weitere bedeutsame Lebensräume bilden die historischen Weinberge mit ihren Trockenmauern für Schlingnattern, Mauereidechsen und Insekten wie Hirschkäfer und Weinhähnchen. Ausgedehnte Wälder, vorwiegend Eichen- und Buchenbestand, die Wärme liebenden Streuobstwiesen und das Vorkommen von »Steppenheide« lassen auch eine besondere Flora gedeihen. Hervorzuheben sind hier der Blutrote Storchschnabel, Hirschhaarstrang, Bergaster, Diptam und das große Windröschen.

Hoch zu Ross vor dem Aalkistensee bei Maulbronn

Ein Weinparadies

Der Naturpark Stromberg-Heuchelberg mit einer Größe von 330 Quadratkilometern gehört zu den kleineren in Baden-Württemberg. Knapp die Hälfte besteht aus Waldfläche, etwa ein Drittel wird landwirtschaftlich genutzt und sechs Prozent der Fläche ist Weinanbaugebiet. Etwa ein Viertel des Baumbestandes bildet die »Strombergeiche«. Aus ihr werden schon seit Jahrhunderten die Weinfässer gemacht, in denen die geschätzten »Barrique-Weine« reifen. Neben zahlreichen Rebsorten werden in diesem württembergischen Weinbaugebiet überwiegend Rotweine aus Trollinger, Lemberger und Schwarzriesling angebaut. Nicht wenige Winzer bringen Spitzenweine mit höchsten Auszeichnungen hervor. Beim Weißwein überwiegt der Riesling.

Unter den zahlreichen Weinbaugemeinden der Region ist Brackenheim mit seinen Ortsteilen die größte. Mit seinen 825 Hektar Rebfläche ist Brackenheim sogar der größte Weinort Württembergs und die größte Rotweingemeinde Deutschlands. Hervorzuheben ist hier der Ortsteil Haberschlacht mit seinem berühmten »Haberschlachter«. Kein Wunder, dass der in Brackenheim geborene erste Bundespräsident Theodor Heuss seine Doktorarbeit über den Wein verfasst hat.

So ist der Kraichgau mit dem Naturpark Stromberg-Heuchelberg eine Region, die sowohl dem Naturfreund als auch dem Genießer keine Wünsche offen lässt.

Quellen: Kraichgau-Stromberg-Tourismus e.V. und Naturpark Stromberg-Heuchelberg e.V.

Blick vom »Hörnle« bei Dürrenzimmern

Mürbeteig (Grundrezept)

Für eine größere Backform (mindestens Ø 28 cm) oder vier Obsttörtchen (etwa Ø 11 cm), geeignet für saftige Obstsorten, wie Zwetschgen und Rhabarber oder Käsekuchen

250 g Mehl	auf eine Arbeitsplatte sieben, in die Mitte
100 g Zucker	
1 Ei oder 2 Eigelbe	sowie
1 Prise Salz	geben.
125 g Butter	in kleine Würfel schneiden und auf dem Mehl verteilen. Zuerst mit dem Messer zusammenhacken, dann rasch und zügig verkneten. Etwa 1 Stunde in Folie gewickelt kalt stellen. Eine Springform mit
Butter	einfetten und mit
Mehl	ausstäuben, den Teig auswellen und den Boden und den Rand der Backform damit auslegen.

Mürbeteig – Variante mit Rahm

200 g Mehl	auf eine Arbeitsplatte sieben, in die Mitte
1 Prise Salz	
70 g Zucker	
75 g kalte Butter oder Margarine	sowie
2 geh. EL Schmand (ca. 75 g)	geben und alles gründlich zusammenkneten.

Machen Sie die doppelte Menge und frieren Sie die Hälfte ein, dann haben Sie immer gleich einen Boden für Ihre Obstkuchen parat.

Fachwerkhaus in Zaisenhausen

Bei Mürbeteigen ...

... ist zu beachten, dass man die Zutaten nicht zu lange mit den Händen bearbeitet. Man siebt das Mehl auf eine Arbeitsplatte, gibt den Zucker und die übrigen Zutaten in die Mitte und verteilt die kalte Butter in kleinen Würfeln auf dem Mehl. Zuerst hackt man alles mit dem Messer zusammen, dann verknetet man den Teig schnell mit möglichst kalten Händen. Der Teig sollte dann mindestens eine Stunde gekühlt ruhen. Es empfiehlt sich, den Teig auf einer leicht bemehlten Backunterlage, etwas größer als die Form, auszuwellen. Die ausgefettete und bemehlte Backform setzt man mit der Öffnung nach unten auf den Teig und stürzt ihn dann mit Hilfe der Backunterlage in die Form. Den Teigrand drückt man so weit hoch, dass der Kuchenbelag etwas übersteht. Damit es schöner aussieht, rädelt man ihn ab oder kerbt ihn mit dem Kaffeelöffel ein. Wichtig ist, dass man den Teigboden, bevor man ihn mit den Früchten belegt, mit Haferflocken, Zwieback oder Semmelbrösel bestreut. Mürbeteig wird grundsätzlich im vorgeheizten Backofen gebacken, da sonst das Fett in den Teig eindringt, bevor der Backprozess beginnt und sich der Boden später nicht mehr gut vom Blech löst. (Backen mit Umluft bei 175 bis 180 Grad Celsius oder Ober- und Unterhitze bei 200 Grad Celsius). Wenn der Boden »blind«, das heißt ohne Belag gebacken wird, sollte man den Teigrand vor dem Backen mit Eigelb bestreichen und etwa 25 bis 30 Minuten backen, bis er hell gebräunt ist. Jeder Kuchen schmeckt besser, wenn der Boden nicht zu blass ist.

Blühende Rapsfelder im »Sallenbusch«

Das Rathaus in Zuzenhausen

Butterbiskuit für Obsttorten

Für Tortenböden von Ø 28 bis 30 cm, die mit Früchten belegt und ggf. mit Tortenguss abgedeckt werden.

125 g Butter	zerlassen und auf etwa 40 °C abkühlen.
4 Eier	und
200 g Zucker, 1 Pck. Vanillezucker	nach und nach im Wechsel mit den Eiern zufügen und so lange rühren, bis sich der Zucker gelöst hat und eine dicke schaumige Masse entstanden ist.
150 g Mehl	mit
50 g Stärkemehl	mischen und löffelweise zugeben. Einige Minuten weiterrühren. Den letzten rund 50 g Mehl vor dem Einrühren
1½ gestr. TL Backpulver	beimischen. Den Boden einer Springform mit Butter ausfetten und mit Mehl ausstäuben, den Teig einfüllen und glatt streichen und ohne Belag bei 175 °C (Ober- und Unterhitze) etwa 20 bis 25 Minuten hellgelb backen.

Dieser Tortenboden schmeckt vorzüglich mit dem Belag von feinen Obstsorten, wie Erd- und Himbeeren, Brombeeren, Aprikosen, Pfirsichen oder Mehrfrucht.

Die Kaffeetafel ist gerichtet.

Wasserbiskuit für Obsttorten

Für Tortenböden von Ø 28 bis 30 cm, die mit Früchten belegt und ggf. mit Tortenguss abgedeckt werden.

3 Eiweiße, 1 Prise Salz	steif schlagen.
60 g Zucker	zufügen und so lange schlagen, bis ein schnittfester Schnee entstanden ist. In einer zweiten Schüssel
3 Eigelbe	mit
2 EL Wasser (heiß)	schaumig rühren.
60 g Zucker, 1 Pck. Vanillezucker	einrieseln lassen und so lange rühren, bis die Masse deutlich an Volumen gewonnen hat und cremig geworden ist. Die Eiercreme über die Eiweißmasse geben.
140 g Mehl, 1 Msp. Backpulver	darüber sieben, alles vorsichtig mit dem Schneebesen unterziehen, bis die Zutaten völlig vermischt sind. Den Boden der Kuchenform mit
Butter	ausfetten und bemehlen. Den Teig einfüllen und glatt streichen. Bei 190 °C (Ober- und Unterhitze) etwa 20 bis 25 Minuten backen.

Nicht nur in der Erdbeerzeit

... backe ich Biskuit aus der doppelten Menge der Zutaten und teile es in zwei Hälften. Biskuit kann man mehrere Tage gut verpackt aufbewahren, oder man friert es ein. So hat man immer einen Tortenboden parat. Bei Biskuitteigen ist zu beachten, dass keine kalten Eier verarbeitet werden. Falls erforderlich, kann man sie vor dem Verarbeiten kurz in warmes Wasser legen. Der Rand der Backform sollte nicht eingefettet werden, damit sich nach dem Backen das Biskuit nicht vom Rand löst und somit ein völlig glatter, senkrechter Rand entsteht. Biskuits werden in den kurz vorgeheizten Backofen gestellt und bei mittlerer Hitze gebacken. Vor dem Ende der Backzeit sollte man die Stäbchenprobe machen. Lassen Sie den Biskuitboden nach dem Backen etwas ruhen und stürzen Sie ihn dann auf ein mit Backpapier belegtes Kuchengitter. So kann der Boden nicht ankleben. Wenn das Biskuit beim Backen eine leichte Wölbung nach oben hatte, wird dies durch das Stürzen ausgeglichen. Bei einem Belag mit saftigen Obstsorten – wie Himbeeren, Erdbeeren oder Brombeeren – streiche ich den Boden mit Buttercreme ein, damit das Obst nicht durchweichen kann. Dazu koche ich einen halben Sahnepudding mit 250 ml Milch und rühre ihn nach dem Erkalten löffelweise mit 125 g Butter schaumig. Je nach Geschmack füge ich einen Esslöffel Kirschschnaps oder Pfirsichlikör hinzu. Den Rest der Buttercreme friere ich portionsweise für die nächste Obsttorte ein.

Die Kraichbachquelle in Sternenfels

Birnenkuchen

Mürbeteig	nach dem Rezept auf Seite 14 zubereiten und in die Springform geben. Anschließend
1 – 2 EL Semmelbrösel	aufstreuen.

Belag	
750 g Birnen	schälen, vierteln, Kernhaus entfernen, in
500 ml Apfelsaft	halbweich kochen, den Saft abgießen und beiseite stellen. Etwa 6 Esslöffel Saft abnehmen und mit
1 Pck. Sahnepuddingpulver	anrühren. Den restlichen Saft erhitzen, den Pudding einrühren und kurz aufkochen. Etwas abkühlen lassen. Die Birnenspalten auf den Teig setzen, den Pudding darüber gießen. Den Backofen auf 180 °C (Umluft) vorheizen und den Kuchen etwa 45 Minuten backen.

Guss	
2 Eigelbe	mit
200 g Schmand	und
1 TL Stärkemehl	verrühren.
2 Eiweiße	zu Schnee schlagen, nach und nach
80 g Zucker	zugeben und so lange rühren, bis sich der Zucker gelöst hat. Die Eigelbcreme unter den Eischnee heben und über den Kuchen streichen. Weitere 25 bis 30 Minuten backen. Erst nach dem Abkühlen aus der Form nehmen.

Wenn man den Kuchen mit Birnen aus der Dose zubereitet, benötigt man zwei Dosen. Für den Pudding nimmt man dann den Birnensaft.

Am Feldrand entdeckt – Klatschmohnstrauß für Mama

Feuerwehrkuchen von Walfriede

Mürbeteig	nach dem Rezept auf Seite 14 zubereiten und in eine Springform geben.

Belag	
1400 g Sauerkirschen (2 Gläser)	abgießen und von 500 ml Kirschsaft 6 EL entnehmen und damit
1 Pck. Vanillepuddingpulver	anrühren. Den restlichen Kirschsaft zum Kochen bringen, von der Herdstelle nehmen, den Pudding einrühren und kurz unter Rühren aufkochen lassen. Die Kirschen und
2 EL Kirschwasser	unterrühren und etwas abkühlen lassen. Auf den Teig streichen.

Streusel	
90 g weiche Butter	mit
100 g Zucker, 100 g Mehl	zu Bröseln verrühren.
1 Msp. Zimt	und
100 g Mandelstifte	dazugeben und alles vermischen. Die Streusel auf der Kirschmasse verteilen. Den Backofen auf 175 °C (Umluft) vorheizen und den Kuchen etwa 45 Minuten backen. Auf einem Kuchengitter abkühlen lassen.
400 ml Sahne	mit
2 Pck. Sahnesteif	steif schlagen und auf den Kuchen streichen. Mit
Kakao	bestäuben.

Der Kreuzbergsee bei Tiefenbach

Ein schöner Schwan

Kirschkuchen mit Milchguss (gebrühtem Guss) nach Oma Luise

Hefeteig	nach dem Rezept auf Seite 106 zubereiten. Ein Backofenblech mit
Butter	ausfetten, den Teig gleichmäßig ausrollen und das Blech damit auslegen, die Ränder etwas hochziehen. Mit
2 EL Semmelbrösel (fein)	ausstreuen. Noch einige Minuten gehen lassen.
Belag	
1½ – 2 kg Kirschen	waschen, entstielen und entsteinen. Den Hefeteigboden dicht mit den Kirschen belegen.
Guss	
50 g Mehl	mit
250 ml Milch	in einem Kochtopf verrühren und kochen, bis die Masse dick wird. Abkühlen lassen.
50 g Zucker, 20 g Butter	mit der abgeriebenen Schale von
1 Zitrone (unbehandelt)	sowie
3 Eigelbe	schaumig rühren, unter den abgekühlten Milchbrei ziehen.
3 Eiweiße	zu steifem Schnee schlagen, unter die Masse heben und den Guss über die Kirschen gießen. Den Backofen auf 175 °C (Umluft) vorheizen und den Kuchen etwa 40 bis 50 Minuten backen.

… Schleckermäulchen Nico

Guss-Varianten für Obstbelag auf Blechkuchen

Alle Varianten eignen sich für jeden Belag mit frischem Obst, auch für Rhabarber, allerdings sollte man diesen mit kochendem Wasser kurz überbrühen und nach dem Abtropfen einzuckern, bevor man den Kuchen damit belegt. Nimmt man Apfelspalten, streut man Zucker und Zimt und einige Rosinen über das Obst. Bei Zwetschgen nimmt man anstelle der Rosinen gehackte Mandeln.

Rahmguss

3 Eigelbe	mit
3 EL Zucker, 1 Pck. Vanillezucker	
3 gestr. EL Mehl	sowie
200 g Sauerrahm oder Schmand	verrühren.
3 Eiweiße	zu steifem Schnee schlagen und unterheben.

Zwiebackguss

3 Eigelbe	mit
100 g Zucker	cremig rühren.
5 Zwieback	fein zerstoßen oder mahlen und mit
125 g Sauerrahm oder Schmand	unterheben.
3 Eiweiße	mit
1 Prise Salz	zu steifem Schnee schlagen und unterziehen.

Das Schloss Eichtersheim

Biskuitguss

Dieser Guss eignet sich besonders gut zum Decken von sehr saftigem Obst.

3 Eigelbe	mit
2 EL Puderzucker, 1 Pck. Vanillezucker	und
2 EL Wasser (heiß)	schaumig rühren.
3 Eiweiße	mit
1 Prise Salz	zu steifem Schnee schlagen und mit
3 EL Mehl	sowie
1 EL Butter (flüssig)	locker unter die Eimasse ziehen.

Kokosguss

150 g Butter	mit
8 EL Milch	
150 – 200 g Kokosflocken	sowie
250 g Zucker	aufkochen. Den Kokosguss auf dem vorgebackenen Kuchen verteilen und bei 150 °C (Umluft) etwa 20 Minuten fertig backen.

Streusel

150 g Mehl	mit
70 g Zucker, 1 Pck. Vanillezucker	und
80 g weiche Butter	mit dem Knethaken kurz zusammenrühren.

Bei Belag mit süßem Obst kann man weniger Zucker nehmen, bei Zwetschgen oder Äpfeln fügt man etwas Zimt und eventuell grobe Mandeln bei.

Alte Turmuhr der Remigiuskirche in Häfnerhaslach

Herrenkirschkuchen

200 g Butter oder Margarine	mit
180 Zucker	cremig rühren, nach und nach
5 Eigelbe	zugeben und so lange rühren, bis sich der Zucker aufgelöst hat.
100 g Blockschokolade oder Kuvertüre (dunkel)	reiben und mit
125 g Haselnüsse (gemahlen)	
1 TL Zimt	sowie
3 EL Obstwasser oder Rum	unterheben. Zuletzt
5 Eiweiße (mit 1 Prise Salz)	zu steifem Schnee schlagen, davon einen Teil unterziehen.
125 g Mehl	mit
1 TL Backpulver	mischen, über den Teig sieben und zusammen mit dem restlichen Eischnee vorsichtig unterheben. Eine Springform (Ø 26 cm) einfetten, mit etwas
Mehl	ausstäuben und den Teig einfüllen.
1 kg Sauerkirschen oder Süßkirschen	entsteinen und auf dem Kuchen verteilen. Den Backofen auf 160 °C (Umluft) vorheizen und den Kuchen etwa 40 bis 45 Minuten backen. Nach dem Auskühlen mit
Puderzucker	bestäuben.

Nimmt man Sauerkirschen aus dem Glas, lässt man diese gut abtropfen.

Fachwerkhaus in Häfnerhaslach

Das Zabergäu – eingerahmt zwischen Heuchelberg und Stromberg

Eingerahmt zwischen dem Heuchelberg im Norden und dem Stromberg im Süden liegt das Zabergäu. Den Namen verdankt diese Gegend dem kleinen Flüsschen Zaber, das bei Zaberfeld entspringt, sich zwischen den beiden Höhenzügen anmutig ostwärts schlängelt und nach 22 Kilometern schließlich in Lauffen in den Neckar mündet.

Die Hauptorte des Zabergäus sind Zaberfeld, Pfaffenhofen, Güglingen und Brackenheim, der Geburtsort von Theodor Heuss, mit seinen sieben Ortsteilen. Östlich davon liegen die Orte Nordheim und Lauffen, die Stadt, in der der Lyriker Friedrich Hölderlin geboren wurde. Im Süden liegt die Ganerbenstadt Bönnigheim mit ihrem spätbarocken Schloss. Das Ganerbentum bestand 400 Jahre und dauerte bis 1750. Die Herrschaft über den Besitz teilten sich vier Ganerben (die Herren von Sachsenheim, Liebenstein, Gemmingen und Neipperg) zu gleichen Teilen. Westlich davon liegt der Ort Cleebronn zu Füßen des Michaelsbergs, dem Wächter und Wahrzeichen des Zabergäus. Mit seinen 394 Metern ist er die höchste Erhebung und ist geschmückt mit der markanten Michaelskapelle. Von dort oben hat man bei schönem Wetter eine einmalige Aussicht bis zur Schwäbischen Alb und dem Odenwald.

Tausend Jahre Weinbau

Geschützt durch die Lage zwischen den beiden Bergrücken ist dem Landstrich ein mildes Klima beschert und durch den fruchtbaren Keuperboden ist er wie geschaffen für den Weinbau. Diese Tradition wird schon seit über tausend Jahren gepflegt und ist in einer schriftlichen Überlieferung aus dem Jahr 793 belegt. Die Weinberge entstanden durch die Rodung der bewaldeten Berghänge. Besondere Verdienste im Weinbau kommen den Mönchen der Klöster Maulbronn, Hirsau und Weißenburg zu, die Weinberge anlegten und bewirtschafteten. Heute überwiegen traditionell die Rotweine, vor allem Lemberger, Trollinger und Schwarzriesling. Beim Weißwein dominiert der Riesling. Von der Qualität dieser Weine kann sich der Besucher in jedem Ort bei den zahlreichen Weingütern und den vielen typisch schwäbischen Besenwirtschaften überzeugen.

Römer und Fossilien

Funde aus der Stein- und Bronzezeit belegen, dass die Region zu den ältesten Siedlungsgebieten Südwestdeutschlands zählt. In der Römerzeit (etwa 80 bis 260 n.Chr.) war das Zabergäu

Hand des Sellosaurus – fossiler Fund bei Pfaffenhofen

dicht besiedelt. Aus dieser Zeit stammen die in Hausen an der Zaber (Ortsteil von Brackenheim) gefundene Jupitergigantensäule und die Überreste der Villa rustica, eines römischen Gutshofes bei Lauffen, die in einer Freilichtanlage zu besichtigen sind. In Güglingen, einst Sitz einer größeren römischen Siedlung, befindet sich seit 2008 ein Römermuseum, in dem neben verschiedenen Kultgeräten auch eine fast lebensgroße Herkules-Skulptur aus Schilfsandstein und zwei Heiligtümer des Mithraskultes zu bewundern sind.

Weltweites Aufsehen erregten fossile Funde im »Weißen Steinbruch« bei Pfaffenhofen. Hier fand man im Jahr 1906 Fossilien von urzeitlichen Reptilien. Neben Krokodilen und Amphibien konnte die Hand eines Sellosaurus, ein bis zu vier Meter großer, Pflanzen fressender Landdinosaurier, vollständig erhalten, geborgen werden. Der Weiße Steinbruch ist seit 1986 ein bedeutendes Naturdenkmal.

Die Zabergäurenette
Selbst im Obstbau hat sich das Zabergäu verewigt. In Hausen an der Zaber entstand 1885 ein Zufallssämling, die Zabergäurenette, die seit 1926 im Handel ist. Sie bevorzugt das dortige Weinbauklima und ähnelt dem Boskoop in der Form und der zimtfarbenen Haut. Die Zabergäurenette ist würzig im Geschmack, milder als der Boskoop und lagerfähig bis März.

Quelle: Neckar-Zaber-Tourismus e.V.

Bönnigheim mit Blick zum Michaelsberg

Das Rathaus in Güglingen

Rhabarberkuchen mit Baiserguss

Mürbeteig	nach dem Rezept auf Seite 14 zubereiten und in eine Springform geben.
Belag	
1 kg Rhabarber	waschen, abtrocknen und die dünne äußere Haut abziehen. Die Stangen in 2 cm lange Stücke schneiden. Eine Springform (Ø 28 cm) mit
Butter	einfetten und mit
Mehl	ausstäuben. Den Teig etwas größer als der Boden der Backform auswellen und in der Form auslegen.
Je 3 EL Haferflocken, Mandeln (gemahlen)	auf dem Boden verteilen, die Rhabarberstückchen darauf legen und mit dem Gemisch von
3 EL Zucker, 1 Msp. Zimt	bestreuen. Den Backofen auf 175 °C (Umluft) vorheizen und den Kuchen mindestens 45 Minuten backen.
Baiserguss	
3 Eiweiße (mit 1 Prise Salz)	zu steifem Schnee schlagen, nach und nach
180 g Zucker	zugeben und so lange rühren, bis eine zähe Masse entstanden ist. Die Baisermasse mit einem breiten Spatel ganzflächig über den Rhabarber streichen. Den Kuchen nochmals bei 160 °C (Umluft) mindestens 30 Minuten backen, bis die Baisermasse oben kross ist.

Den Kuchen in der Form etwas abkühlen lassen, dann auf ein Kuchengitter geben.

Die Wasserschlossruine in Menzingen

Das Graf-Eberstein-Schloss in Gochsheim

Johannisbeer- oder Stachelbeerkuchen

Mürbeteig	nach dem Rezept auf Seite 14 zubereiten und in eine Springform geben. Anschließend mit
2 EL Zwiebackbrösel oder Haferflocken	bestreuen.

Dieser Kuchen schmeckt auch gut mit frischem Rhabarber.

Belag	
4 Eigelbe	mit
200 g Zucker	cremig rühren, bis sich der Zucker gelöst hat.
125 g gemahlene Mandeln	untermischen.
750 g Johannis- oder Stachelbeeren	waschen, entstielen und unterheben.
4 Eiweiße (mit 1 Prise Salz)	steif schlagen und vorsichtig unterziehen. Den Belag gleichmäßig auf den Teig streichen. Den Backofen auf 175°C (Umluft) vorheizen und den Kuchen etwa 1 Stunde backen. Nach dem Auskühlen mit
Puderzucker	bestreuen.

Gaukler und Musikanten beim Museumsfest in Gochsheim

Alter Ofen im Museum im Graf-Eberstein-Schloss

Versunkener Kirschkuchen

5 Eigelbe	mit
80 g Zucker, 1 Pck. Vanillezucker	und
80 g Butter oder Margarine	so lange rühren, bis sich der Zucker aufgelöst hat.
180 g Mehl	mit
½ Pck. Backpulver	mischen, nach und nach unter die Eigelbmasse sieben.
5 Eiweiße (mit 1 Prise Salz)	steif schlagen,
80 g Zucker	zufügen und zu einer zähen Masse rühren. Vorsichtig unter den Teig ziehen. Eine Springform (Ø 26 cm) mit
Butter	einfetten und mit etwas
Mehl	ausstäuben. Den Teig einfüllen und glatt streichen.
350 g Kirschen	waschen, entstielen, entsteinen und über den Teig verteilen, dabei leicht mit dem Löffel eindrücken. Den Backofen auf 160 °C (Umluft) vorheizen und den Kuchen 50 bis 60 Minuten backen. Den Kuchen auf einem Kuchengitter auskühlen lassen und mit
Puderzucker	bestäuben.

Sie können diesen Kuchen auch mit Rhabarberstückchen oder Stachelbeeren backen.

Zebu-Buckelrinder auf dem Bromberghof

Blick auf Häfnerhaslach im Kirbachtal

Kirsch-Streusel-Kuchen

Mürbeteig

400 g Mehl, ½ TL Backpulver	mit
1 Pck. Vanillezucker	sowie
1 Prise Salz	vermischen.
2 Eigelbe	und
250 g weiche Butter	zugeben und alles mit dem Knethaken zu Streuseln verarbeiten.

Füllung

500 g Sauer- oder Süßkirschen	waschen, entstielen und entsteinen. Von
500 ml Kirschsaft	etwa 6 Esslöffel abnehmen und damit
1 Pck. Sahnepuddingpulver	glatt rühren. Den übrigen Kirschsaft aufkochen, vom Herd nehmen und das Puddingpulver einrühren. Wieder erhitzen und etwa 1 Minute kochen lassen. Vom Herd nehmen.
1 EL Kirschwasser	einrühren und die Kirschen unterheben. Etwas abkühlen lassen. Eine Springform (Ø 26 cm) mit
Butter	einfetten und mit
Mehl	ausstäuben. Etwa zwei Drittel des Teiges in der Springform zu einem glatten Boden andrücken. Die Kirschmasse auf den Teig geben und glatt streichen. Die restlichen Streusel darauf verteilen. Den Backofen auf 175 °C (Umluft) vorheizen und den Kuchen 45 Minuten backen. Mindestens 3 Stunden in der Form auskühlen lassen.

Falls man keinen Kirschsaft für den Pudding vorrätig hat, kann man auch Johannisbeersaft- oder Nektar verwenden.

Zarte Blüte einer Wiesenanemone – entdeckt bei einem Spaziergang

Mirabellenkuchen mit Quarkguss

Mürbeteig	nach dem Rezept auf Seite 14 zubereiten und in eine Springform (Ø 26 bis 28 cm) geben. Anschließend
1 – 2 EL Semmelbrösel	aufstreuen.

Belag	
1 kg Mirabellen	waschen, entsteinen und die Mirabellen rosettenförmig mit der Schnittfläche nach oben so auf den Kuchen legen, dass die zweite Reihe die erste zur Hälfte bedeckt.

Quarkguss	
50 g Butter	mit
2 Eigelbe	
3 EL Zucker, 1 Pck. Vanillezucker	
100 ml Milch	
1 EL Stärkemehl	sowie
250 g Speisequark (20 % i.Tr.)	verrühren.
2 Eiweiße (mit 1 Prise Salz)	zu Schnee schlagen und unter die Quarkmasse heben. Den Guss über die Mirabellen gießen. Den Backofen auf 175 °C (Umluft) vorheizen und den Kuchen etwa 45 Minuten backen.

Mirabellenkuchen schmeckt auch gut mit Streuseln (Rezept S. 22), anstatt dem Quarkguss. Wer es ganz schnell und einfach haben möchte, mischt 2 EL braunen Zucker mit ½ TL Zimt und 2 EL gemahlenen Mandeln oder Semmelbrösel und streut diese Mischung über die Mirabellen.

Fachwerkhaus in Güglingen

Das Zabergäu-Gedicht

Hermann Sommer, ein Weinbauer aus Haberschlacht, zeigt in seinen Gedichten die Liebe zu seiner Heimat:

Das Zabergäu, ein Land mit Kultur
ein wahres Kleinod der Natur.
Bekannt durch Sagen und Gedichte
Hier wohnen Menschen mit Geschichte.

Auf stolzen Burgen thronte einst der Adel
und viele Ritter ohne Furcht und Tadel.
Und mancher, der hier ist geboren,
war schon zu Großem auserkoren.

An Hängen voll im Sonnenschein,
da wächst ein wunderbarer Wein.
Dieser Wein ist edle Klasse
hat Feuer, Eleganz und Rasse.

Ein Hochgefühl lässt dich erbeben!
Ein Paradies – hier lässt sichs leben.

Aussicht von der Plattform des »Weißen Steinbruchs«

Die Ganerbenburg in Bönnigheim

Pflaumen sind bereits seit der Antike bekannt

Schon um 150 v.Chr. wurden Pflaumen von den Römern kultiviert. Von dort aus verbreiteten sich die Pflaumen auch über ganz Mitteleuropa. Durch Züchtungen haben sich viele Kreuzungen und Unterarten der Pflaume entwickelt. Dazu gehören neben der Zwetschge auch die Reneklode oder die kirschgroßen gelben Mirabellen. Die runde Reneklode, auch Reneclaude oder bei uns Ringlo genannt, ist mit ihrem grün-gelben, zuckerreichen Fruchtfleisch die größte der Früchte. Es gibt Sorten, die fast fünf Zentimeter groß werden.

Die Pflaume reift bereits im Juli. Sie ist allgemein etwas früher reif als die Zwetschge, ist meist deutlich größer und runder geformt. Die Zwetschge ist ovaler und hat eine ausgeprägte Fruchtnaht. Späte Sorten reifen erst ab September. Das Fruchtfleisch der Zwetschge ist weißlich bis grünlich gelb, saftig und süß-säuerlich und der Kern lässt sich leichter vom Fruchtfleisch lösen, als bei der Pflaume. Da Zwetschgen weniger Wasser und mehr Zucker als Pflaumen haben, sind sie ideal für Kuchen. Beide Arten, die hier allgemein »Quetschen« genannt werden, eignen sich für die Herstellung von Marmeladen und Kompott und werden auch zu Zwetschgenschnaps gebrannt.

Zwetschgenkuchen auf klassische Art

Für ein Backofenblech

Hefeteig	nach dem Rezept auf Seite 106 zubereiten. Ein Backofenblech mit
Butter	einfetten und mit
Mehl	ausstäuben. Den Teig in der Größe des Bleches auswellen und im Blech ausbreiten. Den Teigrand etwas hoch drücken. Den Kuchenboden mit
4 EL Zwieback- oder Semmelbrösel	ausstreuen. Etwa

Zwetschgenpracht für einen saftigen Obstkuchen

1½ kg Zwetschgen	sorgsam mit einem Tuch abreiben (nur wenn nötig waschen), halbieren, den Stein entfernen und jede Frucht längs bis zur Hälfte einschneiden – jedoch nicht ganz durchschneiden. Die Zwetschgen mit der Schnittfläche nach oben ziegelförmig auf den Kuchenboden legen, so dass die zweite Reihe die erste bis zur Hälfte deckt.
3 EL brauner Zucker	mit
3 EL Semmelbrösel	sowie
½ TL Zimt	mischen und über die Zwetschgen streuen.
100 g Mandelstifte	und
50 g Butterflöckchen	über dem Kuchen verteilen. Den Backofen auf 175 °C (Umluft) vorheizen und den Kuchen etwa 45 Minuten backen.

Zu diesem Kuchen muss man Schlagsahne reichen. Besonders fein schmeckt der Zwetschgenkuchen, wenn man anstatt der Butterflöckchen Streusel (Rezept Seite 22) darauf streut oder die Zwetschgen mit Rahmguss (Rezept Seite 21) abdeckt und die Butterflöckchen darüber verteilt.

Zwetschgezeit

Von Hilde Goll –
Mundartautorin aus Bretten

S'gibt so alte Rezepte, die von Generation zu Generation
vererbt werre un a jedem Familiemitglied schmecka;
so au de Zwetschgekucha, natürlich mit Streisel un eventuell
no mit Schlagsahne, wenn ma sich's figurmäßig leischte
kann, un wenn net, wird's trotzdem gessa.

Als Kind heb i no gut in Erinnerung wie mei Mutta
Zwetschgemus kocht hat. Un i heb schlecka dürfa.
Hm ... war des gut!

Do gabs die gute Zwetschgeknödel,
Zwetschgestrudel un so manche süße Sacha,
Zwetschge a in Form von starkem Wasser,
ja, d'Zwetschge hawa viele Nascher!

Streuobstwiesen zählen zu den ...

... Besonderheiten des Kraichgau-Strombergs. Im Herbst werden hier unter anderem viele Äpfel geerntet, die auch für Kuchen und Desserts Verwendung finden. Deshalb gibt es in unserer Region eine Vielzahl an Rezepten. Einige der beliebtesten möchte ich Ihnen in diesem Kapitel vorstellen:

Apfelbrot aus Bauschlott

750 g Äpfel	schälen, vierteln, in schmale Blättchen schneiden. In
125 ml Rum (40 Vol.-%)	sowie
200 g Zucker	einweichen und 1 Tag stehen lassen.
500 g Mehl	mit
1½ Pck. Backpulver	
1 EL Zimt, 2 EL Kakao	sowie
150 g ganze Hasel- oder Walnüsse	vermischen. Äpfel mit der Flüssigkeit unterheben und vorsichtig vermengen. 2 Kapselformen einfetten oder mit Papier auslegen, den Teig einfüllen, bei 170 °C (Umluft) 50 bis 60 Minuten backen.

Apfelbäume in voller Blütenpracht

Apfelkantate – Das Apfeljahr

Der Apfel war nicht gleich am Baum
Da war erst lauter Blüte.
Das war erst lauter Blütenschaum
und lauter Lieb und Güte.
Dann waren Blätter grün an grün
und grün an grün nur Blätter.
Die Amsel nach des Tages Mühn,
sie sang ihr Abendlied gar kühn
und auch bei Regenwetter.
Der Herbst, der macht die Blätter steif
der Sommer muss sich packen.
Hei! Dass ich auf die Finger pfeif
da sind die ersten Äpfel reif
und haben rote Backen.
Und was bei Sonn' und Himmel war
erquickt nun Mund und Magen
und macht die Augen hell und klar.
So rundet sich das Apfeljahr
und mehr ist nicht zu sagen.

(Matthias Claudius, 1740 bis 1815)

»Ein Apfel am Tag, den Doktor erspart!«

Apfeltaschen

Quark-Blätterteig

250 g Mehl, ½ Pck. Backpulver	mischen und auf eine Arbeitsplatte sieben. In die Mitte eine Vertiefung drücken,
250 g Schichtkäse	etwas abtropfen lassen und mit
1 Pck. Vanillezucker	in die Mulde geben.
220 g kalte Butter	in Flöckchen über dem Mehl verteilen und alles zu einem glatten Teig zusammenkneten. Den Teig ½ cm dick auswellen, mehrfach zusammenklappen und ausrollen. Dies zweimal wiederholen. Den Teig mindestens 2 Stunden (am besten über Nacht) kalt stellen.

Füllung

500 g Äpfel	schälen, achteln, das Kernhaus entfernen, in kleine Scheibchen schneiden und in eine Schüssel geben.
50 g Rosinen	zufügen.
75 g brauner Zucker	überstreuen, mit
2 EL Rum	beträufeln und vermischen. Zugedeckt etwa 10 Minuten durchziehen lassen. Den Teig etwa ½ cm dick ausrollen. Mit einem Glas oder einer Form runde Platten (Ø 10 cm) ausstechen. Auf eine Hälfte jeder Teigplatte einen Esslöffel der Apfelmischung setzen.
1 Eiweiß	verquirlen, die Teigränder damit bestreichen, die andere Teighälfte über die Apfelmischung klappen und die Ränder leicht zusammendrücken.
1 Eigelb	mit
1 EL Kondensmilch oder Sahne	verquirlen und die Oberfläche der Apfeltaschen bestreichen. Die Taschen auf ein mit Backpapier ausgelegtes Backblech setzen. Den Backofen auf 160 °C (Umluft) vorheizen und etwa 25 Minuten goldbraun backen. Nach dem Abkühlen mit
Puderzucker	bestäuben.

Dudelsackgruppe beim Lichterfest im Schloss Eichtersheim

Beschwipste Apfeltorte

Mürbeteig	nach dem Rezept auf Seite 14 zubereiten und in eine Springform geben. Den Rand bis nach oben ziehen.
Belag	Etwa
1½ kg Äpfel	schälen, vom Kernhaus befreien und in kleine, etwa 1 cm große Würfel schneiden. Von
750 ml Weißwein (Riesling)	6 Esslöffel abnehmen und damit
2 Pck. Vanillepuddingpulver	anrühren. Den restlichen Wein aufkochen, von der Kochstelle nehmen und den Pudding einrühren. Kurz aufkochen lassen und die Äpfel untermischen. Die Apfelmischung in die Backform füllen und glatt streichen. Den Backofen auf 160 °C (Umluft) vorheizen und den Kuchen etwa 1½ Stunden backen. In der Form mindestens 12 Stunden im Kühlschrank auskühlen lassen. Erst dann den Ring lösen und den Kuchen aus der Form nehmen.
500 ml Sahne	mit
3 Pck. Sahnesteif	steif schlagen und über die Apfelfüllung streichen. Nach Belieben mit Sahnetupfern und Apfelspalten verzieren oder mit
100 g Schokoraspeln	bestreuen.

Spaziergang durch die Rapsfelder bei Unteröwisheim

Das Rathaus in Eschelbach

Klassische Apfelküchle mit Weinsoße oder Vanillesoße

Bereiten Sie die Apfelküchle anstatt mit Weißwein auch einmal mit hellem Bier zu.

200 g Mehl	mit
4 Eigelbe	
3 EL Zucker	sowie
125 ml Weißwein (Riesling)	zu einem dickflüssigen Teig verrühren.
4 Eiweiße	zu steifem Schnee schlagen und unterheben.
4 große, mürbe Äpfel	schälen, das Kernhaus rund herausstechen. Die Äpfel in etwa 1½ cm dicke Scheiben schneiden. Die Apfelscheiben mit
1 – 2 EL Zucker	bestreuen und mit etwas
Kirschwasser oder Rum	beträufeln, kurz durchziehen lassen. Jede Apfelscheibe in den Teig eintauchen und in
Butterschmalz oder Öl	auf mittlerer Hitze auf beiden Seiten hellgelb backen. Auf Küchenpapier entfetten.
2 EL Zucker, 1 TL Zimt	mischen und die Apfelküchle damit bestreuen und noch heiß mit einer Soße servieren.

Spaß in der Mammutbahn im Freizeitpark Tripsdrill

Ein Tulpenmeer

Weinsoße

250 ml Weißwein (trocken)	mit
4 Eier	
4 EL Zucker	sowie
1 TL Stärkemehl	in einen Topf geben, bei schwacher Hitze mit dem Schneebesen schlagen, bis die Masse einmal aufwallt. Sofort in eine Schüssel füllen und unter weiterem Rühren etwas abkühlen lassen.

Vanillesoße

1 EL Stärkemehl	mit
6 EL Milch	glatt rühren. In einem Kochtopf
500 ml Milch	mit
1 Eigelb	sowie
1 Prise Salz, 1 EL Zucker	verrühren.
1 Vanilleschote	der Länge nach aufschneiden, das Mark herausnehmen und dazugeben. Das Milchgemisch zum Kochen bringen, von der Kochstelle nehmen, das angerührte Stärkemehl einrühren und aufkochen lassen.

Seerosenteich im Leintalzoo in Schwaigern

Im Freizeitpark Tripsdrill

Apfelkuchen aus Bönnigheim-Hofen

Mürbeteig	nach dem Rezept auf Seite 14 zubereiten und in die Springform geben.
100 g Butter	bei starker Hitze und unter ständigem Rühren mit
200 g Zucker	karamellisieren.
120 g Mandelblättchen	untermischen.
5 EL Sahne	und
1 Pck. Puddingpulver (Vanille oder Sahne)	einrühren.
6 große Äpfel	schälen, vom Kernhaus befreien, grob raspeln und untermischen. Die Masse auf den Teig streichen und im vorgeheizten Backofen bei 170 °C (Umluft) etwa 45 Minuten backen.

Marktplatz mit Ganerbenbrunnen und Ratsstüble in Bönnigheim

Uhrtürmchen mit den Wappen der Ganerben

Geschichten aus dem Milchhäusle

Von Waltraud König aus Bretten-Ruit

Opa Emil Tobler mit Gespann

Bis zu den 1960er Jahren gab es in den Dörfern noch viele Kleinbauern. Die Kühe wurden seinerzeit noch von Hand gemolken und die Milch jeden Abend zu einer bestimmten Zeit in einem so genannten »Milchhäusle« abgegeben. Meistens war das die Aufgabe der Mutter, die dann rechts und links je eine Milchkanne, die bis zu fünf oder zehn Litern fasste, zur Abgabestelle brachte. Dort wurde die Milch in große Behälter abgefüllt und später von der Milchzentrale abgeholt. Im Milchhäusle wurde auch Milch ausgegeben. Die Einwohner, die keine Milchkuh im Stall hatten, konnten dort literweise frische Milch kaufen. Das war dann die Aufgabe der Kinder, die dieses »Amt« gerne ausführten. Dadurch hatten sie Gelegenheit, nach dem Läuten der »Betglocke« nochmals aus dem Haus zu gehen und sich mit anderen am »Milchhäusle« zu treffen. Wenn sie dann zu lange brauchten, um die Milch heim zu bringen, wurden sie tüchtig ausgeschimpft, was die Kinder natürlich nicht hinderte, am nächsten Tag wieder freiwillig Milch zu holen.

Die gesammelte Milch wurde früh morgens mit dem Milchauto abgeholt. In den 1950er Jahren geschah dies aber noch mit einem Pferdefuhrwerk. Vor unserem Haus stieg die Straße leicht bergauf, bevor sie in einer steilen Kurve nach Bretten abbog. Aus irgendeinem Grund scheuten dort die Pferde, der Karren stoppte plötzlich und sämtliche Milchkannen rutschten vom Wagen. Die Deckel sprangen auf und die ganze Milch floss in Strömen in den tiefer liegenden Hof unseres Nachbarn. Mein Großvater, der immer gut gelaunt war und stets einen »Spruch auf den Lippen« hatte, kam aus seinem Haus gelaufen und rief: »Hier ist Ruit, der Ort, in dem Milch und Honig fließen!«

Unser Heimatdorf Ruit

Gedeckter Apfelkuchen

Mürbeteig

375 g Mehl, 120 g Zucker	mit
2 Eier, 1 Prise Salz	sowie
185 g Butter	nach den Angaben auf Seite 14 zu einem Mürbeteig verarbeiten, kühl stellen.

Füllung

1 kg mürbe Äpfel	schälen, vierteln, vom Kernhaus befreien und grob raspeln, in eine Schüssel füllen.
2 EL Rum	darüber geben, mit
1 EL Zucker, 1 TL Zimt	bestreuen. Mit
50 g Sultaninen	und
100 g Walnüsse (gehackt) oder Mandelblättchen	vermischen und zugedeckt 30 Minuten ziehen lassen. Eine Springform ausfetten und mit
Mehl	ausstäuben. Zwei Drittel des Teiges etwa 2 cm größer als die Form ausrollen, den Boden und den Rand der Form damit auslegen. Mit
50 g Haselnüsse (gemahlen)	ausstreuen, die Apfelmischung einfüllen und glatt streichen. Den restlichen Teig auf einem Backpapier in der Größe der Backform ausrollen. Mit Hilfe des Backpapiers die Teigplatte über die Äpfel legen und die überstehenden Teigränder ringsherum an die aufgelegte Teigplatte andrücken.
1 Eigelb	verquirlen und den Deckel damit bestreichen. Den Backofen auf 175 °C (Umluft) vorheizen und den Kuchen etwa 45 bis 50 Minuten backen. Aus der Form nehmen und auf einem Kuchengitter auskühlen lassen.

Intermezzo im Schlosspark Bad Rappenau

Apfelmus und Apfelschnee

1 kg süße, ausgereifte Äpfel	waschen, mit der Schale und dem Kernhaus in grobe Stücke schneiden, in einen Kochtopf geben und mit
1 Zimtstange	in
50 ml Apfelsaft	etwa 5 bis 10 Minuten weich kochen. Die Zimtstange entnehmen. Die Äpfel mitsamt dem Saft durch die »Flotte Lotte« passieren, kurz mit dem Stabmixer pürieren und abkühlen lassen.

Apfelschnee

250 ml Sahne	mit
1 Pck. Sahnesteif	steif schlagen und unter das Apfelmus heben.

Apfelmus isst man gerne zu Pfannkuchen, Waffeln oder Kratzete bzw. Stierum – Apfelschnee ist beliebt als Dessert oder als Beigabe zum Eis. Wenn keine »Flotte Lotte« vorhanden ist, sollte man die Äpfel schälen, das Kernhaus herausschneiden und alles nach dem Kochen (ohne Zimtstange) mit dem Stabmixer pürieren. Heiß abgefüllt in Schraubgläser hält sich das Apfelmus – ohne Zugabe der Sahne – im Kühlschrank mehr als eine Woche.

Verletzter Hirschhornkäfer

Der »Linsenbauch« in Odenheim

Apfelkuchen mit Quark- und Baiserguss

Mürbeteig	
250 g Mehl	mit
1 TL Backpulver, 1 Prise Salz	
80 g Zucker	
100 g Schmand	sowie
100 g Butter oder Margarine	nach dem Rezept auf Seite 14 verarbeiten und in die Springform geben.

Die Kirche in Pfaffenhofen

Belag	
750 g mittelgroße Äpfel	schälen, vom Kernhaus befreien, vierteln und nochmals spalten, mit dem Saft von
1 Zitrone	beträufeln.
1 EL Zucker, 1 TL Zimt	vermischen und über die Äpfel streuen. Etwa 1 Stunde durchziehen lassen.

Quarkguss	
250 g Speisequark (20 % Fett i.Tr.)	mit
100 g Schmand	
2 Eigelbe	sowie
2 EL Zucker, 1 Pck. Vanillezucker	verrühren.
1 EL Speisestärke	mit
½ TL Backpulver	mischen und unterheben. Den Backofen auf 170 °C (Umluft) vorheizen. Den Teig mit den Apfelspalten kreisförmig auslegen und die Quarkmasse darüber geben. Etwa 30 Minuten backen.

Baiserguss	
2 Eiweiße, 1 Prise Salz	steif schlagen, nach und nach
100 g Puderzucker	einrieseln lassen und so lange schlagen, bis sich der Zucker ganz gelöst hat und eine glatte glänzende Masse entstanden ist.
3 EL gehackte Walnüsse	unterheben. Den Kuchen aus dem Ofen nehmen und die Baisermasse darüber streichen. Bei 150 °C (Umluft) weitere 20 Minuten backen. Die Tür dabei einen kleinen Spalt offen lassen.

Baiserguss eignet sich auch für andere Obstsorten, zum Beispiel Zwetschgen, Mirabellen, Birnen oder Stachelbeeren.

Das Pfarrhaus in Pfaffenhofen

Äpfel im Schlafrock

... können als Dessert oder zum Kaffee oder Tee serviert werden. Sie schmecken am besten noch warm.

Am besten schmecken die »Äpfel im Schlafrock« mit einer herb-säuerlichen Sorte Äpfel, wie Boskoop, Elstar oder Jonagold.

Mürbeteig

250 g Mehl, 70 g Zucker	mit
1 Ei, 1 Prise Salz	
½ TL Backpulver	sowie
125 g Butter	verarbeiten, wie auf Seite 14 beschrieben. Den Teig in 4 Teile teilen und jeweils rund auswellen.

Zubereitung

4 mittelgroße Äpfel	schälen, das Kernhaus rund herausstechen.
2 EL Marmelade (nach Belieben)	mit
2 EL gehackte Walnüsse oder Mandeln	
1 TL brauner Zucker	
½ TL gemahlener Zimt	sowie
1 EL Rosinen	mischen und in die ausgehöhlten Äpfel füllen. Einen Apfel in die Mitte jeder Teigplatte stellen und den Teig um den Apfel herum zu einem ausreichend großen Kreis ausschneiden, so dass man den Teig über dem Apfel zusammenklappen kann. Jeden Apfel komplett mit Teig bedecken und den Teig festdrücken. Aus dem übrigen Teig mit einer Ausstechform aus der Weihnachtsbäckerei eine Form ausstechen und jeden Teigmantel damit krönen.
1 Ei, 1 EL Milch	verquirlen und jeden »Schlafrock« damit bestreichen. Auf ein mit Backpapier ausgelegtes Kuchenblech setzen und im vorgeheizten Backofen bei 175 °C (Umluft) etwa 30 bis 40 Minuten hellbraun backen.

Als Dessert empfehle ich, die Äpfel auf einer Vanillesoße anzurichten und mit den restlichen Rosinen und Nüssen zu bestreuen.

Fachwerkhaus in Diefenbach

Ofenschlupfer aus Neipperg

1 kg säuerliche Äpfel	waschen, schälen, Kernhaus entfernen und zu Stiften raspeln oder schneiden.
1 Zitrone	auspressen und die Äpfel damit beträufeln. Etwa
50 g Rosinen	waschen und mit den Äpfeln vermischen.
1 Hefezopf (von den Vortagen, Rezept S. 107)	in etwa ½ cm dicke Scheiben schneiden, in rund
500 ml Milch	wenden und mit einem Teil davon den Boden einer eingebutterten Auflaufform auslegen. Dann im Wechsel lagenweise Apfelstifte und Hefezopfscheiben einschichten und mit Hefezopf abschließen. 30 Minuten bei 160 °C (Umluft) backen und warm servieren.

Reichen Sie dazu Vanillesoße (Rezept S. 39).

Die Burg Neipperg mit Rebanlage nach dem Frost Anfang Mai 2011

Beim Bulldogg-Treffen in Neipperg

Blutapfel-Parfait

Dieses Rezept mit Weirouge-Äpfeln aus ihrem eigenen Garten kreierten Birgit und Guy Graessel vom Restaurant Krone als Halbgefrorenes.

400 ml Weißwein (Riesling)	mit
50 ml Rote Bete-Saft	
75 g Gelierzucker	sowie
1 Zimtstange	aufkochen.
2 Blutäpfel (oder Boskoop)	schälen, Kernhaus entfernen, in Würfelchen schneiden, zufügen und weich kochen. Abkühlen lassen.
2 Eigelbe, 1 Ei	mit
50 g Zucker	schaumig rühren.
100 g weiße Kuvertüre	im Wasserbad schmelzen und unter die Eiermasse rühren.
6 Löffelbiskuits	in kleine Stücke schneiden und unterziehen. Zum Schluss
250 ml Sahne	steif schlagen und unterheben. Die Creme portionsweise in Schälchen 3 bis 4 Stunden einfrieren.

Zum Servieren aus der Form lösen und mit einer Apfelspalte, Sahnetupfern und Zitronenmelisse dekorieren.

Buntes Treiben vor dem Hotel Krone in Bretten

Der Apfel Weirouge

Der Blutapfel »Weirouge«

Eine ganz besondere Apfelsorte wächst in Kraichtal-Unteröwisheim: Der »Weirouge«. Klaus und Kurt Gärtner sind wohl die einzigen in der Region, die diese Apfelsorte in ihrer Obstanlage haben. Schon die Blüte des »Weirouge« leuchtet in einem besonderes schönen Rot, und auch das Fruchtfleisch des Apfels unterscheidet sich von jeder anderen Apfelsorte durch sein karminrotes oder himbeerrotes Fruchtfleisch.

»Weirouge« wurde von Hermann Schimmelpfeng aus der Forschungsanstalt für Gartenbau in Weihenstephan gezüchtet. Aus dem Ortsnamen »Weihenstephan« und dem Französischen »rouge« für »rot« leitet sich auch der Name ab. Diese Sorte ist europaweit geschützt und kann nur in größerer Stückzahl vom Züchter bezogen werden. Leider ist »Weirouge« kein Baum für den Hausgarten, denn die Äpfel sind nicht lagerfähig und müssen rasch verarbeitet werden. Diesem »Blutapfel« wird von Lebensmittelchemikern ein hoher Vitamingehalt bestätigt. Der Anteil an Flavonoiden und insbesondere Anthocyan (roter Farbstoff), der vor Infektionen schützt, ist in diesem Apfel zehnmal höher als in anderen Sorten.

Wegen ihrer starken Fruchtsäure sind Weirouge-Äpfel zum Essen weniger geeignet, doch da die aufgeschnittenen Äpfel nicht verbräunen, lassen sie sich ohne Oxidationsschutzmittel zu Apfelchips und Apfelringen verarbeiten und sehen immer ansprechend rot aus. Auch Apfelgelee, Apfelmus und Kompott bestechen durch ihre intensive Rotfärbung. Klaus Gärtner presst aus seinen Äpfeln roten Most, den er dann in seiner Besenwirtschaft ausschenkt.

(Mit freundlicher Unterstützung von Klaus Gärtner, Unteröwisheim)

So schön blüht der Blutapfel.

Apfelkuchen

180 g Butter, 200 g Zucker	mit
4 Eier	verrühren.
300 g Mehl, 1 Pck. Backpulver	mit
1 TL Zimt	mischen, dazugeben und alles vermengen. Nach und nach
150 ml Kaffee (kalt)	einrühren.
100 g Zartbitter-Schokolade	reiben und mit
150 g Walnüsse (gehackt)	unter den Teig heben. Eine Springform ausfetten und mit
Mehl	bestäuben. Die Hälfte des Teiges einfüllen.
2 Äpfel	mit dem Rettichhobel raffeln, mit
3 EL Rum	tränken. Die Äpfel mit dem Rum über den Teig verteilen, die zweite Hälfte darüber streichen und bei 160 °C (Umluft) etwa 50 bis 60 Minuten backen. Unbedingt vor dem Herausnehmen die Stäbchenprobe machen. Einige Minuten in der Form abkühlen lassen, den Rand der Springform vom Kuchen lösen und auf ein Kuchengitter stürzen.
150 g Zartbitter-Kuvertüre	schmelzen und den Kuchen damit bestreichen.

Glutroter Sonnenuntergang in Neulingen

Gänsefamilie

Versunkener Apfelkuchen

125 g Butter, 125 g Zucker	schaumig rühren, nach und nach
3 kleine Eier	zugeben und so lange rühren, bis sich der Zucker aufgelöst hat. Die abgeriebene Schale von
½ Zitrone	und
1 Prise Salz	zufügen. Nach und nach
200 g Mehl	unterrühren, den letzten Rest Mehl mit
2 TL Backpulver	vermischen und mit dem Teig vermengen. Eine Springform (Ø 26 cm) ausfetten und mit etwas
Mehl	ausstäuben, den Teig einfüllen und glatt streichen.
6 mittelgroße Äpfel (750 g)	schälen, vierteln, das Kernhaus entfernen und gleichmäßig längs einschneiden. Mit
2 EL Zitronensaft	bestreichen und jedes der Apfelviertel im gleichmäßigen Abstand in den Teig setzen. Den Backofen auf 160 °C (Umluft) vorheizen und den Kuchen 35 bis 45 Minuten backen. Nach einigen Minuten Ruhezeit aus der Form nehmen und auf einem Kuchengitter abkühlen lassen.

Dieser Kuchen ist einfach und schnell zuzubereiten und eignet sich deshalb auch gut für einen kurzfristig angekündigten Besuch.

Fachwerkhaus in Güglingen

Biskuit-Bananenrolle

5 Eiweiße, 1 Prise Salz	steif schlagen, nach und nach
75 g Zucker	zugeben und zu einer glatten festen Masse rühren. In einer zweiten Schüssel
5 Eigelbe, 2 EL Wasser (heiß)	cremig rühren. Nach und nach unter ständigem Rühren
75 g Zucker, 1 Pck. Vanillezucker	zugeben und so lange rühren, bis eine feste Creme entstanden ist. Die Eigelbcreme über die Eiweißmasse geben.
75 g Mehl, 75 g Speisestärke	mit
1 TL Backpulver	vermischen und darüber sieben. Alles sehr vorsichtig mit dem Schneebesen unterheben. Ein Backofenblech mit Backpapier auslegen. Den Teig bis etwa 3 cm vor den abgeflachten Rand streichen. Den Backofen auf höchste Stufe vorheizen und den Biskuit in 9 bis 13 Minuten hell backen. Die Oberfläche muss abgetrocknet sein. Ein Baumwoll-Geschirrtuch auf einem rechteckigen Kuchengitter ausbreiten. Das Biskuit mit der Oberfläche und mitsamt dem Backpapier darauf stürzen. Sofort ein mit heißem Wasser getränktes Geschirrtuch über das Backpapier legen. Bitte darauf achten, dass es nicht direkt mit dem Biskuitteig in Berührung kommt. Etwa eine halbe Stunde auskühlen lassen.

Füllung

500 ml Sahne	mit
3 Pck. Sahnesteif, 1 Pck. Vanillezucker	steif schlagen. Jetzt erst das obere Geschirrtuch und das Backpapier vom Biskuit abziehen und das Biskuit mitsamt dem unteren Geschirrtuch vom Gitter nehmen. Die Sahne gleichmäßig auf den Kuchen streichen. Etwa ½ Tasse davon beiseite stellen.

Die Waldkapelle bei Odenheim

2 Bananen	schälen und an der kurzen Seite des Biskuits nebeneinander in eine Reihe legen. Sollten sie über den Kuchenrand stehen, beide Enden in der Mitte des Kuchens kürzen, damit sie besser zusammengefügt werden können. Die Bananen mit
100 ml Eierlikör	übergießen und auf der Sahne verteilen. Die Biskuitplatte mit Hilfe des Tuches von der kurzen Seite her über die Bananen schlagen und zu einer Rolle formen. Auf eine Stollenform legen und die offenen Seiten mit der restlichen Sahne zustreichen. Die Rolle vor dem Servieren mit
Puderzucker	bestreuen.

Wichtig ist, dass die Rolle nicht zu stark gebacken ist und nicht zu lange auskühlt, damit sie ohne zu Brechen gerollt werden kann. Selbstverständlich kann sie auch mit anderen Obstarten, mit Buttercreme oder auch nur mit Marmelade gefüllt werden.

Prächtige Pfingstrose

Buttercremewaffeln

Biskuit

5 Eiweiße, 1 Prise Salz	steif schlagen, nach und nach
125 g Zucker	zugeben und zu einer glatten festen Masse rühren. In einer zweiten Schüssel
5 Eigelbe, 2 EL Wasser (heiß)	cremig rühren, nach und nach unter ständigem Rühren
125 g Zucker, 1 Pck. Vanillezucker	zugeben und so lange rühren, bis eine feste Creme entstanden ist. Die Eigelbcreme über die Eiweißmasse geben.
250 g Mehl, 2 TL Backpulver	vermischen und darüber sieben. Alles vorsichtig unterheben. Die Fettpfanne des Backofens mit Backpapier auslegen, den Teig darin gleichmäßig ausstreichen und im vorgeheizten Backofen bei 190 °C (Umluft) etwa 15 bis 20 Minuten hell backen. Das Biskuit auf einem Kuchengitter auskühlen lassen.

Buttercreme

250 g Butter	mit
2 – 3 EL Puderzucker	schaumig rühren.
100 g Vollmilch-Schokolade	in Stücke schneiden und im Wasserbad schmelzen, mit
1 EL Kakao	in die Buttercreme einrühren.

Füllung der Waffeln

Die Hälfte der Buttercreme auf das Biskuit streichen. Eine Platte von

2 Waffelplatten	darauf legen, das Biskuit umdrehen, die restliche Creme aufstreichen und mit der anderen Waffelplatte abdecken. Das fertige Gebäck einige Stunden kalt stellen. Dann mit einem scharfen Messer in Rechtecke etwa 3 x 6 cm oder kleine Rauten schneiden.

Die Waffelplatten gibt es in der Größe der Backofenbleche bei manchen Bäckern zu kaufen, ansonsten sind sie etwas kleiner auch im Handel erhältlich.

Anjas Buttercremewaffeln – frisch zubereitet

Donauwellenkuchen

Rezept für ein Backofenblech

250 g Butter, 250 g Zucker	cremig rühren. Nach und nach
6 Eier	zugeben.
400 g Mehl, 1 Pck. Backpulver	vermischen und abwechselnd mit
125 ml Milch	unterrühren. Ein Backofenblech mit Backpapier auslegen, die Hälfte des Teiges aufstreichen.
1 kg entsteinte Sauerkirschen	auf dem Teig verteilen und mit
2 EL Rum oder Kirschwasser	beträufeln. In den Rest des Teiges
2 gestr. EL Kakao	und
2 EL Rum oder Kirschwasser	einrühren und auf die Kirschen streichen. Im vorgeheizten Backofen bei 160 °C (Umluft) etwa 40 Minuten backen. Den Kuchen auskühlen lassen.

Buttercreme

1 Pck. Puddingpulver (Vanille oder Sahne)	mit 6 Esslöffel von
500 ml Milch	anrühren. Die restliche Milch zum Kochen bringen, den Pudding einrühren, 2 Minuten kochen, dann abkühlen lassen, dabei ab und zu umrühren.
250 g weiche Butter	mit
5 EL Puderzucker	cremig rühren. Sobald der Pudding etwa die gleiche Temperatur wie die Butter hat, diesen esslöffelweise zur Butter geben und gut verrühren. Die Creme auf den Kuchen streichen.
300 g Schokoladenglasur (dunkel)	im Wasserbad erwärmen und den Kuchen damit überziehen.

Der Amtshof in Ersingen

Frankfurter Kranz mit Buttercreme von Oma Meta

Biskuit

6 Eiweiße	steif schlagen. Nach und nach
125 g Zucker	zufügen und weiter rühren, bis eine zähe Masse entstanden ist. In einer zweiten Schüssel
6 Eigelbe, 6 EL Wasser (heiß)	schaumig rühren.
100 g Zucker, 1 Pck. Vanillezucker	langsam einrieseln lassen und zu einer dicken Creme rühren, dann über die Eiweißmasse geben.
175 g Mehl, 1 TL Backpulver	mit
50 g Speisestärke	mischen, über die Eigelbcreme sieben und alles mit dem Schneebesen vorsichtig unterheben. Den Teig in eine ausgefettete, bemehlte Kranzform füllen und im vorgeheizten Backofen bei 190 °C (Umluft) etwa 35 bis 40 Minuten backen. Vor dem Herausnehmen die Stäbchenprobe machen. Das Biskuit auf einem Kuchengitter auskühlen lassen.

Blumenvielfalt in einer Trockenmauer

Buttercreme

180 g Butter, 1 EL Zucker	mit
2 EL Orangenlikör oder Obstschnaps	schaumig rühren und beiseite stellen. Wasser in einem Topf zum Kochen bringen, eine Schüssel darüber stellen, darin
4 Eigelbe, 1 Ei	und
90 g Puderzucker	cremig rühren. Unter Rühren abkühlen lassen. Danach löffelweise zur Buttercreme geben und so lange weiter rühren, bis die Creme glatt und geschmeidig ist.

Füllen und Verzieren

	Das Biskuit waagerecht zweimal durchschneiden (in 3 Lagen teilen). Ein Drittel der Creme auf den ersten Boden streichen, das Mittelteil darauf setzen, das zweite Drittel der Creme darauf geben, den Deckel aufsetzen und den ganzen Kranz rundum mit der restlichen Creme bestreichen.
1 EL Butter, 1 EL Honig	in einer Pfanne erhitzen,
250 g gehackte Mandeln	zugeben und unter ständigem Rühren braun rösten. Abkühlen lassen und den Kranz rundum mit dem Krokant bestreuen.

Man kann den Kranz noch mit kandierten Kirschen verzieren. Man sollte dann Buttercreme für das Spritzen der Rosetten beiseite stellen.

Kälbchen auf dem Kirbachhof

Gemütlicher Unterstand im Wengert

Gelberüben-Torte

4 Eigelbe, 200 g Zucker	cremig rühren.
200 g Karotten	putzen und fein reiben. Die abgeriebene Schale von
½ Zitrone (unbehandelt)	mit den Karotten und
200 g gemahlene Mandeln	sowie
1 EL Kirschwasser	unter die Creme heben.
50 g Stärkemehl, 80 g Mehl	mit
1 TL Zimt, 1 Msp. Backpulver	mischen und zum Teig geben.
4 Eiweiße	zu steifem Schnee schlagen und vorsichtig unterheben. Eine Springform (Ø 26 cm) ausfetten und mit etwas Mehl ausstäuben. Den Teig einfüllen und im vorgeheizten Backofen bei 175 °C (Umluft) 50 bis 60 Minuten backen. In der Form etwas abkühlen lassen und auf ein Kuchengitter stürzen. Nach dem Auskühlen
950 g Mandarinen (3 Dosen)	abgießen und die Mandarinen auf dem Kuchen verteilen. Dabei 16 Stücke für die Garnierung zurücklegen.
400 ml Sahne	mit
2 Pck. Sahnesteif	steif schlagen und zwei Drittel der Sahne über die Mandarinen geben. Mit der restlichen Sahne die Torte und den Rand bestreichen.

Mit dem Tortenteiler in 16 Stücke einteilen und jedes Kuchenstück mit einer Mandarinenspalte dekorieren.

Johannisbeertorte

100 g Butter, 4 Eigelbe	mit
125 g Zucker	schaumig rühren.
125 g Zartbitter-Schokolade	im Wasserbad schmelzen und unterziehen.
150 g gemahlene Nüsse	unterheben.
100 g Mehl, ½ Pck. Backpulver	mit
2 EL Kakaopulver	mischen und zugeben.
4 Eiweiße	zu Schnee schlagen und unter den Teig heben. Eine Springform (Ø 26 cm) ausfetten und mit
Semmelbrösel	ausstreuen. Den Teig einfüllen, glatt streichen und im vorgeheizten Backofen bei 160 °C (Umluft) etwa 30 bis 40 Minuten backen. Den Kuchen erkalten lassen, einen dünnen Deckel abschneiden und zerkrümeln. Den Boden mit
3 EL Johannisbeerlikör	beträufeln.

Belag

250 ml Sahne, 1 Pck. Sahnesteif	mit
1 Pck. Vanillezucker	steif schlagen und auf den Kuchenboden streichen.
500 g rote Johannisbeeren	waschen, trocken tupfen, von den Stielen zupfen und auf der Sahne verteilen. Eventuell mit
2 EL Zucker	bestreuen. Zum Schluss die Kuchenkrümel darauf verteilen und etwas
Puderzucker	darüber sieben.

Blick auf den Aalkistensee und Maulbronn von der »Schönen Aussicht«

Von der Sandgrube zur Goldgrube

Allen Sternenfelsern ist der »Sandbauer« noch heute ein lebhafter Begriff. Im Ort erinnern noch der »Sandbergweg« und der »Sandgrubenweg« sowie der »Sandberg« und ein Distrikt »Sandgrube« im Sternenfelser Forst an jene Zeit der Sandbauern. Damals, im 18. und 19. Jahrhundert, war Sternenfels ein kleines Dorf mit armen Bewohnern. Die wenigen Ackerflächen ernährten kaum die Bevölkerung, Betriebe gab es nicht. Den Sternenfelsern blieb neben der kargen Landwirtschaft und dem Weinbau nur der Abbau und Verkauf des »Stubensandes« als kleines Einkommen.

Stubensand war ein feiner Sand, den man zur Reinigung von Holz- und Steinfußböden sowie von Tischen verwendete. Der Sand wurde durch Abbau von Sandstein gewonnen und in Sandmühlen zu feinem »Fegesand« gemahlen. Bis zur Herstellung von chemischen Reinigungsmitteln war der Stubensand das gängige Putz- und Reinigungsmittel für alle Holzböden und -gefäße. Sternenfels hatte im Jahre 1860 nachweislich 35 Sandmühlen. Das Aufkommen der chemischen Produkte bedeutete den Niedergang der Sandbauern, so dass die letzte Sandmühle 1935 geschlossen werden musste.

Blick auf Sternenfels

Sandbauer im Sandbauernmuseum

Goldgräberstimmung in Sternenfels
Als im Jahre 1818 der Pforzheimer Goldschmied und Uhrmacher Christian Bechtler im Fegesand seiner Frau Spuren von Gold fand, den sie von Sternenfelser Sandbauern gekauft hatte, kam in Sternenfels eine wahre Goldgräberstimmung auf. Bechtler konstruierte eine Goldwaschanlage, die den schwereren Goldstaub vom Sand im Wasserstrom trennen konnte und erwirkte beim Bergamt eine Konzession zur Goldwäsche. Mit seiner Konstruktion startete er 1818 einen Großversuch am Sternenfelser Dorfbrunnen. Innerhalb von zehn Tagen wusch er etwa 140 Tonnen Sand, den er den Sandbauern abkaufte und nach der Wäsche wieder zurückgab. Seine Ausbeute aber war minimal – nur etwa 20 Gramm Goldstaub. Dieser Ertrag stand in keinem Verhältnis zu den Kosten. So endete abrupt der Goldrausch in Sternenfels.

Karriere in Amerika
Bechtler ließ sich jedoch nicht entmutigen. Im Jahre 1819 meldete er seine »Flussgoldwaschanlage« als Patent an und wanderte 1829 mit seiner Familie nach Amerika aus. In Philadelphia betrieb er eine Uhrmacherwerkstatt, bis ihn die amerikanischen Goldfunde nach North Carolina lockten. Dort baute er seine Goldwaschanlagen, die reißenden Absatz fanden, da dort die Goldfunde ergiebiger waren. Bechtler ließ sich für seine »Bechtler-Maschine« in Nuggets bezahlen, die er nach Gewicht weiter verkaufte. Dadurch kam er zu einem stattlichen Vermögen, konnte nun eigene Goldminen kaufen und selbst das wertvolle Edelmetall fördern.

Blick vom Schlossberg in Sternenfels

Sandsteinstele in Sternenfels

Bechtler erkannte, dass Goldstaub und Nuggets als Zahlungsmittel nicht geeignet waren und kam auf die Idee, Goldmünzen zu prägen. Im Jahre 1830 erhielt er das »Münzrecht« und gründete in Rutherford/North Carolina seine eigene private Münzanstalt. Bechtler schuf den ersten amerikanischen Golddollar, der sich durch seine hohe Genauigkeit auszeichnete. Er prägte Goldmünzen von 1 $, 2,50 $ und 5 $ mit genau definiertem Gewicht und Goldgehalt. Die Dollarmünzen trugen auf der Vorderseite den Namen »C. Bechtler« und den Prägeort Rutherford. Auf der Rückseite stand die Herkunft des Goldes, das Gewicht und der Feingehalt.

Bechtler hatte das Monopol auf Goldmünzen in den Vereinigten Staaten, bis die ersten staatlichen Münzanstalten ab 1838 in Georgia, North Carolina und Philadelphia gegründet wurden. Etwa 25 Jahre betrieben Bechtler und sein Sohn die Münzstätte, in der mehr als zwei Millionen Goldmünzen im Wert von mehreren hundert Millionen geprägt wurden. Heute ist der »Bechtler-Dollar« ein begehrtes Sammlerstück, das mehrere tausend Papierdollar wert ist. Eigentlich könnte man Sternenfels als Wiege des Golddollars bezeichnen!

Sandbauernfahne

Käse-Sahne-Torte

Von Hilde Goll aus Bretten

Biskuit	nach dem Rezept auf Seite 17 zubereiten.
Käse-Sahne	
1 kg Schichtkäse	abtropfen lassen und mit
150 g Zucker, 1 Pck. Vanillezucker	sowie dem Saft von
½ Zitrone	glatt rühren.
15 Blatt weiße Gelatine	5 Minuten in kaltem Wasser einweichen, dann ausdrücken.
125 ml Milch	erhitzen und darin die Gelatine unter Rühren auflösen, unter die Quarkmasse rühren.
600 ml Sahne	steif schlagen. Ein Drittel der Sahne zum Verzieren der Torte beiseite stellen und den Rest vorsichtig unterheben. Von
950 g Mandarinen (3 Dosen)	den Saft abgießen, 16 Mandarinen für das Verzieren beiseite legen und die restlichen auf dem Tortenboden verteilen. Um den Biskuitboden einen Tortenring spannen, die Käse-Sahne-Masse einfüllen und glatt streichen. Über Nacht kalt stellen. Den Tortenring mit einem scharfen Messer ablösen und die Torte mit dem Rest der Sahne und den Mandarinen garnieren.

Falls man die ganze Sahne und Mandarinen für die Füllung verwendet, kann die Torte auch nur mit Schokoraspeln bestreut werden.

Malakoff-Torte

Diese Torte kommt ursprünglich aus Österreich. Bei uns wird sie gerne als Torte zum Kaffee oder Tee oder auch als Dessert gegessen.

Vorbereitung

125 ml Orangensaft	mit
125 ml Rum (54 Vol.-%)	mischen. Den Boden einer Springform (Ø 28 cm) mit Backpapier auslegen.

Creme

100 g Puderzucker	mit
150 g weiche Butter	
4 Eigelbe	sowie
2 EL Rum (54 Vol.-%)	glatt rühren.

Wenn Sie eine dekorative Festtagstorte möchten, können Sie den Rand mit gebräunten Mandelblättchen belegen und die Tortenstücke mit Sahnetupfern und Schokoraspeln verzieren.

Zubereitung

200 g Löffelbiskuits	kurz in das Saftgemisch tauchen, den Boden der Springform damit auslegen und mit der Hälfte der Creme bestreichen. Eine zweite Lage in Rum-Orange getränkte Löffelbiskuits darauf legen und mit dem Rest der Creme bestreichen. Mit einer dritten Lage Löffelbiskuits (nicht getränkt) abschließen. Die Torte zugedeckt 1 Tag kühl stellen. Dann den Rand mit einem spitzen Messer lösen, die Torte auf eine Kuchenplatte stürzen und das Backpapier abziehen.
250 ml Sahne, 1 Pck. Sahnesteif	steif schlagen und die Torte damit bestreichen. Mit
Schokoraspel	bestreuen und kühl servieren.

Beim Erntedankumzug in Ölbronn

Rhabarber-Sahne-Torte

Biskuit nach dem Rezept auf Seite 17 zubereiten.

Rhabarbersahne

600 – 700 g Rhabarber waschen, schälen und in 1 bis 2 cm große Stücke schneiden, in einen Kochtopf geben, mit

180 g Zucker bestreuen und 30 Minuten ziehen lassen. Kurz aufkochen und weich dämpfen, abkühlen lassen.

600 ml Sahne steif schlagen, den abgekühlten Rhabarber mit dem Saft unterrühren.

6 Blatt weiße Gelatine 5 Minuten in einem Kochtopf mit wenig kaltem Wasser einweichen, die Blätter ausdrücken, das Wasser wegschütten und langsam unter Rühren erwärmen, bis sich die Gelatine gelöst hat. Dann mit dem Schneebesen unter die Rhabarbersahne ziehen. Um den Biskuitboden einen Tortenring spannen, die Creme einfüllen, glatt streichen und mindestens 3 Stunden kalt stellen, bis die Rhabarbersahne schnittfest ist. Den Ring mit einem scharfen Messer von der Sahne ablösen und die Torte nach Belieben garnieren.

Die gleiche Torte schmeckt auch sehr gut mit Himbeeren oder Erdbeeren. Dazu werden 500 g frische oder gefrorene Früchte ungekocht mit nur 100 g Zucker püriert, mit der steifen Sahne verrührt und die aufgelöste Gelatine untergezogen.

Strohbulldog in Oberderdingen

Riesling-Torte

Der Wein ist ein Ding, in wunderbarer Weise für den Menschen geeignet, vorausgesetzt, dass er bei guter und schlechter Gesundheit sinnvoll und in rechtem Maße verwendet wird.

(Hippokrates, 460 bis 370 v.Chr.)

Biskuit nach dem Rezept auf Seite 17 zubereiten.

Buttercreme

2 Eigelbe, 100 g Zucker	glatt rühren.
25 g Stärkemehl	dazugeben und verrühren.
250 ml Milch, 1 Pck. Vanillepuddingpulver	zum Kochen bringen, von der Kochstelle nehmen, die Eicreme einrühren und etwa 3 Minuten unter Rühren kochen.
1 EL Butter	zufügen und abkühlen lassen. Ab und zu umrühren.
150 g Butter, 6 EL Rum	schaumig rühren. Sobald die Creme etwa die gleiche Temperatur wie die Butter hat, diese löffelweise unter die Butter rühren.

Bei der Traubenlese im Heuchelberg

Zubereitung

	Das Biskuit dünn mit Buttercreme bestreichen. Etwa
32 Stück Löffelbiskuits (2 Pck.)	nach und nach kurz in
375 ml Weißwein (Riesling)	tauchen, den Boden damit auslegen. Die Lage Löffelbiskuits mit der Buttercreme bestreichen, weitere Löffelbiskuits kurz im Wein tränken und eine weitere Schicht auflegen. Mit dem Rest der Creme bestreichen. Die Torte entweder in einem Behälter, oder mit Alufolie verpackt, 1 bis 2 Tage im Kühlschrank durchziehen lassen.
500 ml Sahne, 2 Pck. Sahnesteif	mit
1 Pck. Vanillezucker	steif schlagen. Einige Löffel davon in eine Tortenspritze oder Spritzbeutel füllen und mit dem Rest die Torte bestreichen.

Verzieren

	Die Torte mit dem Tortenteiler in 16 Stücke teilen. Auf jedes Stück einen Sahnetupfer spritzen und von
16 weiße Weintrauben	jeweils eine auf die Sahnerosette setzen.
1 EL Butter, 1 EL Honig	zerlassen,
100 g Mandelblättchen	zufügen und unter ständigem Rühren bräunen lassen. Nach dem Erkalten die Torte damit bestreuen.

Blick vom Derdinger Horn

Rumbombe

Butterbiskuit

7 Eiweiße	halbsteif schlagen.
280 g Zucker	langsam zugeben und zu einer schnittfesten Masse rühren. Unter Rühren nach und nach
7 Eigelbe	zugeben.
210 g Mehl, ½ TL Backpulver	mischen und unterziehen.
125 g Butter	zerlassen und abgekühlt vorsichtig unterheben. Eine Backform (Ø 26 cm) ausfetten, den Teig einfüllen und im vorgeheizten Backofen bei 190 °C (Umluft) etwa 40 Minuten backen. Das Biskuit auf ein Kuchengitter stürzen und auskühlen lassen.

Vor Ende der Backzeit empfiehlt es sich, besonders bei Biskuit, die Stäbchenprobe zu machen. Wenn beim Einstechen in der Mitte noch flüssiger Teig am Holzstäbchen hängt, ist das Biskuit noch nicht gebacken. Diese Torte hält sich mehrere Tage und schmeckt immer besser.

Sonnenaufgang am Aalkistensee

Gartenimpression

Creme	Von der Oberseite des Biskuits zwei Drittel abschneiden, in etwa 2 cm große Würfel schneiden und in eine Schüssel geben. Das untere Drittel als Boden für die Torte beiseite stellen.
150 ml Milch	in einen Kochtopf geben und unter ständigem Rühren mit
150 g Zucker, 1 Pck. Vanillezucker	sowie
2 Eier, 30 g Butter	etwa 1 Minute kochen. Danach abkühlen lassen.
220 g Butter	und
12 EL Rum (54 Vol.-%)	schaumig rühren. Das erkaltete Milchgemisch löffelweise unter die Buttercreme rühren und die Masse zu den Biskuitwürfeln geben.
1 Ananas (oder 1 Dose à 800 ml)	in kleine Würfel schneiden und zusammen mit den Biskuitwürfeln und der Buttercreme gut vermischen. Etwas stehen lassen, damit das Biskuit die Creme aufsaugen kann, dann auf den Tortenboden geben, kuppelförmig aufstreichen und rundherum fest andrücken.
150 g Schokoladenglasur (dunkel)	im Wasserbad schmelzen und die ganze Rumbombe damit bestreichen.

Betonskulptur mit Begleitung in Nordheim

Schneewittchentorte

Von Walfriede Wolf aus Bretten

100 g Butter oder Margarine	mit
150 g Zucker, 1 Pck. Vanillezucker	sowie
3 Eier	zu einer cremigen Masse rühren.
200 g Mehl, ½ Pck. Backpulver	mischen und mit
3 EL Milch	nach und nach darunter mischen. Eine Springform (Ø 26 cm) ausfetten und bemehlen, die Hälfte des Teiges einfüllen und glatt streichen.
2 EL Kakao	über den Teig sieben und mit einer Gabel andrücken. Die zweite Hälfte des Teiges aufstreichen.
1 Glas Sauerkirschen (Füllmenge 400 g)	abgießen und auf dem Teig verteilen. Den Saft beiseite stellen. Im vorgeheizten Backofen bei 175 °C (Umluft) etwa 30 Minuten backen. Einige Minuten in der Form lassen und nach dem Herausnehmen auf einem Kuchengitter auskühlen lassen.

Belag

500 g Speisequark (20 % Fett i.Tr.)	mit
100 g Zucker	verrühren.
400 ml Sahne, 2 Pck. Sahnesteif	mit
1 Pck. Vanillezucker	steif schlagen und mit dem Quark vermischen. Den Sahnequark auf den Kuchen streichen.
1 Pck. roter Tortenguss	mit
6 EL Kirschsaft	verrühren.
125 ml Kirschsaft	zum Kochen bringen, von der Kochstelle nehmen, den Tortenguss einrühren und aufkochen. Kurz abkühlen lassen und dann gleichmäßig über den Sahnequark gießen.

Empfehlenswert ist es, einen Tortenring um den Kuchen zu spannen, damit der Tortenguss nicht überlaufen kann. Erst nach dem vollständigen Erkalten des Tortengusses diesen mit einem spitzen Messer vom Tortenring lösen, damit der Ring sauber entfernt werden kann.

Stachelbeertorte

6 Eigelbe	mit
150 g Zucker, 1 Pck. Vanillezucker	und
150 g Butter	schaumig rühren, nach und nach
180 g Mehl, ½ TL Backpulver	zugeben und zu einem festen Teig rühren. 2 Springformen (Ø 26 cm) einfetten und mit Mehl ausstäuben. Den Teig halbieren und mit bemehlten Händen in die Backformen drücken, so dass die Böden ausgelegt sind.
6 Eiweiße	steif schlagen.
225 g Zucker	einrühren und so lange schlagen, bis ein schnittfester Schnee entstanden ist. Jeweils die Hälfte der Eiweißmasse auf die zwei Böden streichen.
100 g Mandelblättchen	auf die beiden Kuchen verteilen. Beide Kuchen im vorgeheizten Backofen bei 160 °C (Umluft) etwa 20 Minuten backen. Auskühlen lassen.

Füllung

800 g frische Stachelbeeren	mit
2 EL Zucker	in
250 ml Wasser	weich kochen. Den Saft abgießen und mit
1 Pck. klarer Tortenguss	einen Guss zubereiten und die Stachelbeeren darunter mischen. Abkühlen lassen und auf einem der beiden Kuchen verteilen.
400 ml Sahne, 2 Pck. Sahnesteif	steif schlagen und bis auf einen kleinen Rest auf die Stachelbeerfüllung streichen. Den zweiten Boden auflegen, etwas festdrücken und den Tortenrand mit der restlichen Sahne bestreichen.

Diese Torte nennt sich in manchen Orten »Hännchen-Jenchen« und eignet sich für alle Obstarten. Probieren Sie den Kuchen auch auf Walfriedes Art, die die Füllung aus zwei Gläsern Sauerkirschen, (ohne Zugabe von Zucker), 500 ml Kirschsaft und 2 Päckchen rotem Tortenguss zubereitet.

Blumenarrangement im Klosterhof Maulbronn

Traubentorte

Von Christa Fichtner aus Ruit

Wasserbiskuit	nach dem Rezept auf Seite 17 zubereiten.
Creme	
150 g Zucker	mit
250 g Speisequark (40 % Fett i.Tr.)	
125 g Naturjoghurt	sowie dem Saft von
½ Zitrone	verrühren.
5 Blatt weiße Gelatine	5 Minuten in kaltem Wasser einweichen, ausdrücken und im Topf unter Rühren erwärmen, bis sie sich vollständig gelöst hat. Unter die Quarkmasse mischen.
250 ml Sahne	steif schlagen und unterheben. Um das Biskuit einen Tortenring spannen, die Creme einfüllen, glatt streichen und mindestens eine Stunde kalt stellen, bis sie fest ist.
750 g süße, kernlose Trauben	waschen und die Creme dicht damit besetzen.
1 Pck. klarer Tortenguss	mit
250 ml Wasser	anrühren, aufkochen und gleichmäßig über die Früchte geben. Kühl stellen, bis der Tortenguss fest ist. Dann den Ring vorsichtig mit einem spitzen Messer ablösen und entfernen.

Wenn Sie den Tortenguss anstatt mit Wasser mit Weißwein anrühren, ergibt es eine besondere Geschmacksnote. Anstatt Trauben kann man auch frische Beeren oder Dosenfrüchte verwenden.

Reif zur Traubenlese

Wilde Wachtel

6 Eier, 140 g Zucker	schaumig rühren.
50 g dunkle Kuvertüre	sowie
30 g Zwieback	reiben, mit
200 g Mandeln oder Haselnüsse	sowie
½ Pck. Backpulver	vermischen und unterheben. Eine Springform (Ø 26 cm) ausfetten und bemehlen. Den Teig einfüllen und im vorgeheizten Backofen bei 175 °C (Umluft) etwa 35 Minuten backen. Vor dem Herausnehmen die Stäbchenprobe machen. Noch einige Minuten in der Form lassen und auf ein Kuchengitter geben. Nach dem Abkühlen eine Platte von etwa 1 cm Dicke von der Oberseite des Biskuits abschneiden, diese zerbröseln und beiseite stellen.

Mocca-Creme

500 ml Sahne	mit
3 Pck. Sahnesteif	steif schlagen.
2 EL Zucker, 4 Pck. Vanillezucker	sowie
5 TL lösliches Bohnenkaffeepulver (Instant-Kaffee)	nach und nach einrühren. Die Creme auf den Kuchen streichen und die Kuchenbrösel gleichmäßig darüber verteilen. Nach Belieben mit etwas
Puderzucker	bestreuen.

Im Weinberg unterwegs

Die Kerschdekipper

Der Neckname und sein Ursprung
Unteröwisheim, einer der neun Ortsteile der Stadt Kraichtal, nennt sich das Dorf der Kirschen. Dort stehen die meisten Kirschbäume im ganzen Umkreis. Wie jeder Kirschbaumbesitzer aus Erfahrung weiß, fallen, wenn die Kirschen reif sind, oft ganze Schwärme von Staren über die Kirschbäume her und können innerhalb weniger Stunden die ganze Ernte zerstören. Was nicht gefressen oder angepickt wird, fällt durch den Überfall der Vogelschar von den Bäumen. Selbst die besten Abwehrmaßnahmen wie das Anbringen von Glitzerbändern aus Alu oder Netze sind für die Katz'. Da bleibt nur noch die Möglichkeit, den Kirschräubern zuvor zu kommen. So konnte man in der Kirscherntezeit die halbe Einwohnerschaft von Unteröwisheim mit ihren »Kratten« in den Kirschbäumen sitzen oder auf den Leitern stehen sehen. Daher bekamen die Einwohner des hübschen Kraichgaudorfes den Necknamen »Kerschdekipper«. »Kippen« bedeutet in der »Uneroiser«-Mundart »picken«.

Die Schnapsidee

Aber die Unteröwisheimer wussten selbst mit den angefressenen und herabgefallenen Kirschen noch etwas anzufangen. Aus diesen Kirschen konnte man noch Schnaps brennen – das Unteröwisheimer Kirschwasser »UKW«, das mindestens so gut wie das berühmte »Schwarzwälder Kirschwasser« schmeckt. Selbst in Kuchen, Desserts oder auch zu medizinischen Zwecken wie zur Wunddesinfektion oder bei Schnapswickeln findet dieses Kirschwässerle noch heute Verwendung. Auch Kirschlikör wird in vielen Familien hergestellt und vermarktet.

Auf dem Pforzheimer Markt
Ein Großteil des Kirschensegens wurde um 1900 auf den Märkten der nahe liegenden Städte Karlsruhe, Bruchsal und Pforzheim verkauft. Dazu mussten die Unteröwisheimer Bauern mit ihren Pferdefuhrwerken Strecken bis zu dreißig Kilometern zurücklegen. Auf dem Weg nach Pforzheim hatte man viele Steigungen zu überwinden. Die erste war schon in Oberacker; dann fuhren sie allerdings über Neibsheim, Gondelsheim und dann dem Saalbachtal entlang nach Bretten. Von dort stieg es wieder stetig an bis Bauschlott. Und so war es eine lange, beschwerliche Tagestour, bis sie in Pforzheim und wieder zu Hause waren. Auf dem Rückweg leistete man sich

Ein Korb voll süßer Kirschen

eine verdiente Pause und machte Rast in der Brettener Gastwirtschaft zur »Wacht am Rhein«, die etwa auf halber Strecke lag. Nach einer kräftigen Stärkung kauften sie dort noch einen Ring Cervelat-Wurst und brachten diese als Mitbringsel ihren Familien mit. Als sie in Unteröwisheim einfuhren, hängten sie sich die Wurst um den Hals und so geschmückt wurden sie von ihren Liebsten freudig empfangen.

Das Kirschenfest

In den Jahren 1954 bis 1969 fand in Unteröwisheim jedes Jahr ein Kirschenfest mit einem Umzug statt. Durch themenorientierte Motivwagen der verschiedenen Ortsvereine und der Bevölkerung sowie durch Mitwirkung von Schule und Kindergarten waren die Umzüge ein wahrer Publikumsmagnet am Festsonntag. Die Krönung des Festes war die Wahl einer »Kirschenkönigin«, die man aus der Reihe der hübschesten Dorfmädchen kürte. Diese hatte die vornehme Aufgabe, das Kirschendorf bei wichtigen Anlässen zu repräsentieren. Die letzte Kirschenkönigin gab es allerdings im Jahre 1969. Leider wird dieser Brauch zum allgemeinen Bedauern heute nicht mehr gepflegt.

Dem Andenken des »Kerschdekippers« hat man auf dem Unteröwisheimer Friedrichsplatz liebevoll eine hübsche Bronze-Skulptur gewidmet. Sie wurde von dem Unteröwisheimer Künstler Ahmed El-Shakarchi geschaffen und am 13. Juni 2010 feierlich eingeweiht.

(Mit freundlicher Unterstützung von Herrn Bernhard de Bortoli, Kraichtal)

Skulptur des Kerschdekippers in Unteröwisheim

Schwarzwälder Kirschtorte

Biskuit

5 Eiweiße	steif schlagen.
50 g Zucker	einrieseln lassen, so lange rühren, bis eine glatte, schnittfeste Masse entstanden ist.
6 Eigelbe, 3 EL Wasser (heiß)	schaumig rühren. Während des Rührens nach und nach
100 g Zucker, 1 Pck. Vanillezucker	einrieseln lassen.
5 Tropfen Bittermandel	und
1 Msp. Zimt	zufügen und so lange rühren, bis man eine dicke Creme erhält.

Die Königin der Torten

100 g Mehl	mit
4½ geh. EL Stärkemehl	sowie
1½ gestr. EL Kakao	und
1 TL Backpulver	vermischen, über die Eiweißmasse sieben, die Eigelbmasse darüber geben und alles vorsichtig mit dem Schneebesen unterheben. Den Boden einer Springform (Ø 26 cm) einfetten und bemehlen. Den Teig einfüllen und im vorgeheizten Backofen bei 190 °C (Umluft) ungefähr 30 Minuten backen. Danach einen Tag auskühlen lassen.

Füllung

700 g Sauerkirschen (1 Glas)	Saft abgießen und beiseite stellen. Die Kirschen einige Stunden in
6 cl Kirschschnaps	einlegen. 250 ml Kirschsaft zum Kochen bringen.
4 gestr. EL Stärkepulver	mit 8 Esslöffel kaltem Kirschsaft glatt rühren, den kochenden Kirschsaft von der Herdplatte nehmen, die Stärke einrühren und unter Rühren kurz aufkochen lassen. Die Flüssigkeit der eingelegten Kirschen zugeben und glatt rühren. Danach abkühlen lassen. Das Biskuit zum Füllen zweimal durchschneiden. Einmal 2 bis 3 cm über dem Boden und etwa 1 cm unter dem Deckel.
1 l Sahne, 5 Pck. Sahnesteif	mit
2 Pck. Vanillezucker	steif schlagen. Eine Tortenspritze mit Sterntülle mit Sahne füllen und beiseite stellen. Zuerst auf den unteren Boden einen Teil der Kirschcreme mit allen Kirschen verteilen. Sahne darüber streichen. Das mittlere Biskuit darauf legen. Die restliche Kirschmasse aufstreichen, wieder mit Sahne bedecken. Den Biskuitdeckel auflegen und das Biskuit rundherum mit Sahne bestreichen. Mit einem Tortenteiler 16 Stücke einteilen. Auf jedes Tortenstück eine Rosette spritzen und mit jeweils einer der
16 Belegkirschen	garnieren. Den Rand und die Mitte der Torte mit
100 g Raspelschokolade (zartbitter)	bestreuen.

Wenn Sie eingefrorene Sauerkirschen nehmen, diese zum Auftauen mit 250 ml kochendem Wasser und zwei Esslöffel Zucker übergießen und den Saft wie beschrieben verwenden.

Die Bauerbacher Kerwe – ein altüberlieferter Brauch und lautstarkes Spektakel

Von Roland Albert

Es ist Anfang November. Die Felder sind abgeerntet, Keller und Scheuer sind gefüllt, Knechte und Mägde ausbezahlt. Das war schon von alters her ein guter Anlass, um zünftig Kirchweih zu feiern, auch Martini-Kerwe genannt. Zu Hause wurden Kerwekuchen gebacken. In der Wirtschaft wurde eingekehrt, gegessen, getrunken und getanzt und die Kerwebuben, der Musterungsjahrgang, hatten ihren großen Auftritt. Dieser Brauch hat sich in Bauerbach, einem ehemals freien Reichsdorf im Landkreis Karlsruhe, bis heute erhalten.

Kerwe ist immer am Sonntag vor dem 10. November. Am Abend zuvor wird die Kerwe »ausgegraben«, also offiziell begonnen. Am Sonntag wird sie dann mit einem Umzug durch das Dorf von der Ausgrabungsstelle »abgeholt«. Vom Musikverein begleitet ziehen die Kerwebuben auf einem mit Tannenreis und Bändern geschmückten Wagen durch das Dorf, geben lautstark ihren Kerweruf zum Besten und singen das Bauerbacher Kerwelied.

Als Hauptakteure schlüpfen die unverheirateten Jünglinge in Kleider der einst im Dorf üblichen Berufe: der Bauer mit der Hacke, der Metzger mit dem Messer, der Büttel mit der Schelle, der Bäcker mit dem Backschieber, der Zimmermann mit Axt und Säge und der Mundschenk mit dem Drei-Liter-Krug. Dieser darf nie leer werden – die Wirte der verschiedenen Gasthäuser im Ort füllen ihn immer wieder auf. Am meisten Aufmerksamkeit zieht der »Bajass« auf sich. Das ist kein örtlicher Beruf, sondern ein Clown, der mit einer Schweinsblase an einer Peitsche die Kinder vor sich hertreibt. Möglicherweise ist die Figur eine Anleihe aus der mittelalterlichen alemannischen Fasnet. Mädchen treten nicht in Erscheinung. Allenfalls im Hintergrund dürfen sie mitwirken.

Der Zug macht Halt beim Dorfoberhaupt, heute dem Ortsvorsteher. Dieser würdigt den Jahrgang und verköstigt ihn. Die Kinder erhalten Brezeln, müssen aber aufpassen, dass der Bajass mit seiner Schweinsblase nicht in der Nähe ist und sie verscheucht.

Bajass und Handwerksbursche mit Kerwepuppe

Eine auf einer Stange befestigte Kerwepuppe und ein auf den Backschieber genagelter Kerwekuchen sind Insignien, die stets gehütet werden müssen. Wenn es den Jungs aus den Nachbarorten gelingt, diese zu »stibitzen«, ist der Jahrgang für alle Zeiten blamiert und muss sie gegen Getränke auslösen.

Zwei weitere Hauptpersonen haben jetzt ihren Auftritt: Das »Päärle«, bestehend aus dem männlichen, miniberockten und gestylten »Weible« sowie dem »Männle« in Frack und Zylinderhut, muss den Kerwewalzer zur Tanzmusik tanzen. Die Erheiterung der Zuschauer ist garantiert.

Nach einem Ruhetag endet die Kerwe mit dem »Vergraben«. Unter Heulen und Wehklagen wird die Puppe einem Strohfeuer und die Asche dann der Erde anheim gegeben, verbunden mit dem innigen Wunsch, dass der folgende Jahrgang die Kerwe im nächsten Herbst wieder ausgräbt. Die Kerwe soll »auf ewig« weiter leben.

Der mehrtägige, rituelle Ablauf der Martini-Kerwe hat in verschiedenen Gegenden zwar unterschiedliche lokale Besonderheiten und Dialekte, aber im Großen und Ganzen dasselbe Muster.

Die Kerwebuben ziehen mit dem Wagen durchs Dorf.

Gugelhupf

Von Elke Wolff aus Bretten

Dieser Gugelhupf wird aus Hefe- und Rührteig gebacken. Dieses alte Hausrezept stammt von etwa 1930 und wurde von der Ehefrau unseres OB Martin Wolff geliefert.

Hefeteig	
500 g Mehl	in eine Schüssel geben, in die Mitte eine Vertiefung drücken.
250 ml lauwarme Milch	hineingeben und
1 Würfel Hefe (40 g)	einbröseln. Die Hefe mit einer Gabel mit etwas Mehl verrühren. Etwa 20 Minuten aufgehen lassen, bis sich der Hefe-Vorteig verdoppelt hat.

Rührteig	
250 g weiche Süßrahmbutter	mit
60 g Zucker	schaumig rühren, nach und nach
4 Eier, 1 Prise Salz	zugeben, gut und lange rühren.
60 g Rosinen	waschen, etwas trocken tupfen und unter den Teig mischen. Den aufgegangenen Hefe-Vorteig mit dem Mehl verkneten, bis der Teig Blasen zeigt und dann den Rührteig darunter rühren. Eine Gugelhupfform gut mit
Butter	ausfetten und mit etwa
20 g Mandelblättchen	ausstreuen. Den Teig in die Form geben, mit einem Tuch abdecken und mindestens 1 Stunde aufgehen lassen, bis er sich verdoppelt hat. Bei mäßiger Hitze (170 °C Umluft) etwa 1 Stunde backen, bis der Kuchen braun glänzend ist.

Herbstwanderung im Rotreisigwald

Rahmkuchen

Mürbeteig	nach dem Rezept auf Seite 14 zubereiten und in eine Springform geben.
200 ml süße Sahne	steif schlagen.
400 ml saure Sahne	sowie
1 Ei	
2 EL Zucker, 1 TL Mehl	darunter rühren. Die Masse auf den Teig streichen.
1 EL Zucker, 1 TL Zimt	mischen und darüber streuen. Den Backofen auf 160 °C (Umluft) vorheizen und den Kuchen etwa 45 bis 55 Minuten backen. Einige Minuten im Ofen bei geöffneter Tür abkühlen lassen, dann erst auf ein Kuchengitter geben.

Fahnenschwinger bei der Bauernhochzeit in Bretten

Kirschenplotzer

Nicht nur in Unteröwisheim – dem Kirschendorf – wird dieser Kuchen gerne als Mittagessen gebacken. Der Name »Kirschenplotzer« ist badische Mundart, »neiplotze« bedeutet, man lässt die Kirschen in den Kuchen hineinfallen.

200 g Butter, 200 g Zucker	mit
5 Eigelbe	cremig rühren.
2 EL Kirschwasser	sowie
1 Msp. Zimt	
1 Prise Nelken (gemahlen)	
100 g Mandeln (gemahlen)	
4 EL Sahne	hinzufügen.
4 Brötchen (vom Vortag)	in
250 ml Milch	einweichen, ausdrücken und ohne Milch zum Teig geben, alles gut verrühren.
750 g Kirschen	entstielen, entsteinen und unter den Teig heben.
5 Eiweiße	zu Schnee schlagen und vorsichtig unterziehen. Eine Springform ausfetten und mit
1 EL Semmelbrösel	ausstreuen, den Teig einfüllen und glatt streichen. Den Backofen auf 160 °C (Umluft) vorheizen und den Plotzer etwa 1 Stunde backen.

Blick vom Schlossdach in Unteröwisheim

Dekorativer Fensterschmuck

Käsekuchen mit Baiser aus Neulingen

Mürbeteig	nach dem Rezept auf Seite 14 zubereiten und in eine Springform geben. Den Teigrand bis 1 cm unter den Rand ziehen.
Quarkmasse	
500 g Magerquark, 3 Eigelbe	
180 g Zucker, 2 Pck. Vanillezucker	mit
1 Pck. Sahnepuddingpulver	sowie
100 ml Sonnenblumenöl	gut verrühren. Nach und nach unter Rühren
500 ml Milch	zufügen. Die Quarkmasse auf den Kuchenboden gießen und im vorgeheizten Backofen bei 160 °C (Umluft) etwa 45 Minuten backen.
Baisermasse	
3 Eiweiße, 3 EL Wasser (kalt)	steif schlagen.
3 EL Staubzucker (gesiebt)	zufügen und zu einer zähen Masse rühren. Den Kuchen aus dem Ofen nehmen und die Baisermasse darüber streichen. Den Backofen auf 140 °C (Umluft) schalten und den Kuchen weitere 15 bis 20 Minuten backen. Im Backofen bei geöffneter Tür etwas abkühlen lassen, dann den Kuchen auf einem Kuchengitter auskühlen lassen.

Am Anger in Bauschlott

Fachwerkhaus am Anger

Käsekuchen darf bei keinem Fest fehlen

Käsekuchen ist im Kraichgau-Stromberg außerordentlich beliebt, er darf bei keinem Fest fehlen. Bereits in der römischen Antike wurde er aus Quark oder Sauerrahm hergestellt. Es gibt von Ort zu Ort die verschiedensten Varianten. Der Boden wird bei uns hauptsächlich aus Hefe- oder Mürbeteig zubereitet. Durch die Zugabe von Früchten – zum Beispiel Kirschen, Birnen oder Äpfeln, die man auf dem Boden verteilt oder auch Rosinen, die unter die Quarkmasse gemischt werden – kann das Rezept individuell abgewandelt werden. Je nach Geschmack wird Vanille oder Zitrone zugefügt.

Wichtig bei einem Käsekuchen ist, dass er langsam und sehr lange gebacken wird. Erst, wenn auch die Mitte so hoch wie der Rand und die Oberfläche gleichmäßig hellbraun ist, ist der Kuchen gebacken. Er sollte im abgeschalteten Herd noch eine kurze Zeit (15 Minuten) bei geöffneter Tür im Backofen bleiben, damit er sich langsam etwas setzen kann. Dann auf die Mitte eines Kuchengitters stürzen und fast bis zum Erkalten so stehen lassen. Das Gitter hinterlässt nach dem Wenden des Kuchens einen schönen Abdruck auf der Oberseite des Kuchens.

Küche der Landsknechte bei Peter-und-Paul

Käsekuchen von Oma Meta

Wenn meine Mutter einen Hefekranz backte, teilte sie ein kleines Stück vom Teig für den Boden eines Käsekuchens ab, den sie dann ganz dünn und gleichmäßig auswellte, so dass der Boden nach dem Backen höchstens 3 mm dick war. Selbstverständlich schmeckt der Kuchen auch mit einem Mürbeteig.

Mürbeteig zubereiten wie auf Seite 14 beschrieben und in eine Käsekuchenform geben. Den Teigrand etwa 1 cm unter dem Rand abrädeln.

Quarkmasse

750 g Schichtkäse oder Quark (20 % Fett i.Tr.) mit
6 Eigelbe, 180 Zucker sowie der abgeriebenen Schale von
1 Zitrone (unbehandelt) gut verrühren. Nach und nach
250 ml Milch zufügen.
250 ml Sahne steif schlagen und darunter mischen.
6 Eiweiße, 1 Prise Salz zu Schnee schlagen.
50 g Rosinen waschen und mit dem Eischnee vorsichtig unterheben. Die Quarkmasse auf den Kuchenboden gießen. Den Kuchen im vorgeheizten Backofen bei 160 °C (Umluft) etwa 70 bis 90 Minuten backen. Den Kuchen bei offener Backofentür etwa 15 Minuten stehen lassen. Dann vorsichtig auf die Mitte eines Kuchengitters stürzen. Erst nach dem Erkalten umdrehen und auf eine Platte setzen.

Gänseschar im Kirbachtal

Margeriten auf der Wiese

Käsekuchen ohne Boden

Bei Käsekuchen ohne Teigboden ist eine Springform mit Glasboden hilfreich. Man kann den Kuchen auf dem Glasboden erkalten lassen und auch so servieren.

1 kg Schichtkäse oder Quark (20 % Fett i.Tr.)	mit
4 Eigelbe	
125 g weiche Butter oder Margarine	
170 g Zucker, 1 Pck. Vanillezucker	sowie der abgeriebenen Schale von
½ Zitrone (unbehandelt)	schaumig rühren.
1 Pck. Vanillepuddingpulver	und
2 EL Grieß	zugeben und verrühren.
4 Eiweiße, 1 Prise Salz	steif schlagen und vorsichtig unterheben. Den Boden einer Springform mit Backpapier auslegen und den Rand mit
Butter	einfetten. Den Teig einfüllen und im vorgeheizten Backofen bei 160 °C (Umluft) etwa 70 bis 90 Minuten backen. Im abgeschalteten Backofen etwa 15 Minuten stehen lassen, dann auf ein Kuchengitter stürzen. Nach dem Erkalten das Backpapier abziehen.

Halloween in Tripsdrill

Kürbismännle

Bändeleskuchen

Von Monika Wein aus Neibsheim

Dieser Kuchen wird hauptsächlich zur Kerwe gebacken und nennt sich in anderen Orten des Kraichgaus auch Rähmeles- oder Fensterleskuchen, was auf den gitterartigen Belag hinweisen soll.

300 g Mehl, ½ TL Backpulver	mit
125 g Butter oder Margarine	
1 Ei, ½ Eigelb	
100 g Zucker, 1 Pck. Vanillezucker	zu einem Mürbeteig verarbeiten, wie auf Seite 14 beschrieben. Eine Springform (Ø 26 cm) einfetten und mit Mehl ausstäuben. Zwei Drittel des Teiges auswellen und das Blech damit auslegen.
500 g Quittenmus	aufstreichen. Den restlichen Teig auswellen, etwa 1½ cm breite Streifen ausrädeln und gitterförmig auf den Kuchen legen.
½ Eigelb, 1 EL Milch	verrühren und die »Bänder« damit bestreichen. Den Backofen auf 175 °C (Umluft) vorheizen und den Kuchen etwa 35 Minuten backen.

Radtour nach Neipperg

Monikas Bändeleskuchen

Linzertorte

250 g Mehl	auf ein Backbrett sieben und mit
250 g Butter	fein verhacken.
250 g gemahlene Mandeln	sowie
1 Ei	
1 TL Zimt, 1 Msp. Nelken	
1 EL Schnaps	
1 EL Kakao, 1 Msp. Backpulver	zufügen und alles rasch verkneten. Den Teig etwa 1 Stunde kalt stellen. Eine Springform (Ø 28 cm) einfetten und bemehlen. Etwa zwei Drittel des Teiges auswellen und den Boden der Form damit auslegen. Mit etwa
200 g Johannisbeergelee (Rezept S. 146) oder Zwetschgenmarmelade (Rezept S. 155)	bestreichen. Den restlichen Teig etwa 3 bis 4 mm dick auswellen, davon 1 cm breite Streifen rädeln und diese gitterförmig auf die aufgestrichene Marmelade legen. Zum Schluss einen Streifen von 2 cm Breite ausrädeln und rings um den Rand des Kuchens legen.
1 Eigelb	verquirlen und den Rand und das Gitter bestreichen. Den Backofen auf 160 °C (Umluft) vorheizen und den Kuchen etwa 35 Minuten hellbraun backen.

Anstatt der Teigstreifen können Sie auch mit einem Glas eine Rundung ausstechen und diese in vier ovale Plättchen teilen. Diese werden rund um den Rand Spitze auf Spitze gelegt und dann auf der Tortenoberfläche gitterförmig eng aneinander gereiht.

Blumenpracht im Park

Zuckerkuchen

Hefeteig

nach dem Rezept auf Seite 106, aber mit 250 g Mehl, zubereiten. Ein Backofenblech mit Backpapier auslegen, den Teig auswellen und das Blech damit auslegen, den Rand etwas hochziehen. Den Teig noch einige Minuten gehen lassen.

Belag

250 g Quark (20 % Fett i.Tr.)	mit
3 EL Milch	verrühren und auf den Teig streichen.
100 g brauner Zucker	mit
1 TL Zimt	mischen und darüber streuen.
50 g Butter	als Flöckchen darauf verteilen.

Der Zuckerkuchen schmeckt frisch gebacken am besten.

Rahmguss

3 Eigelbe, 3 EL Zucker, 1 Pck. Vanillezucker	schaumig rühren.
50 g Butter oder Margarine	zerlaufen lassen und abgekühlt dem Eierschaum zufügen.
400 ml saure Sahne	untermischen.
3 Eiweiße	zu steifem Schnee schlagen.
4 EL Mehl	über den Schnee sieben und alles vorsichtig unter die Masse heben. Den Rahmguss auf den Kuchen streichen und im vorgeheizten Backofen bei 170 °C (Umluft) etwa 1 Stunde backen.

In Neipperg findet jedes Jahr ein Backfest statt, an dem unter anderem ein ganz spezieller Zuckerkuchen gebacken wird.

Zubereitung von Rührkuchen

Bei der Zubereitung von Rührkuchen ist zu beachten, dass alle Zutaten zimmerwarm sind. Butter, Zucker und Eier rührt man so lange, bis sich der Zucker gelöst hat und eine glatte Creme entstanden ist. Wichtig ist, dass das Backpulver mit dem letzten Rest des Mehls vermischt und erst zum Schluss zugegeben wird. Auch soll das Mehl nicht zu lange gerührt werden, da sonst das im Mehl enthaltene Glutenprotein in Verbindung mit Flüssigkeit gerinnt und der Kuchen fest wird. Vor dem Einfüllen des Teiges die Kuchenform immer gut mit Butter ausfetten und mit Mehl ausstäuben. Nach Ende der Backzeit empfiehlt es sich immer, die Stäbchenprobe zu machen. Man sticht mit einem Holzstäbchen in die Mitte des Kuchens. Wenn etwas Teig hängen bleibt, ist der Kuchen noch nicht fertig.

Bananenkuchen

250 g Butter oder Margarine	mit
300 g Zucker, 1 Pck. Vanillezucker	cremig rühren. Nach und nach
6 Eigelbe	zugeben und so lange rühren, bis sich der Zucker gelöst hat.
5 mittelgroße Bananen	mit der Gabel zerdrücken und zur Creme geben. Nach und nach
600 g Mehl, 50 ml Milch	einrühren – dabei beachten: in den letzten Rest Mehl
4 TL Backpulver	mischen und alles vermengen.
6 Eiweiße, 1 Prise Salz	zu steifem Schnee schlagen und portionsweise unter den Teig heben. Eine Napfform gut ausfetten und bemehlen, den Teig einfüllen und glatt streichen. Den Backofen auf 160 °C (Umluft) vorheizen und den Kuchen ungefähr 1 Stunde backen. Einige Minuten in der Form lassen, dann auf ein Kuchengitter stürzen und auskühlen lassen.

Die singenden Wirte vom »Kuckucksnest«, Neuenbürg

Eierlikör-Marmorkuchen

Von Walfriede Wolf aus Bretten

5 Eier, 200 g Zucker, 1 Pck. Vanillezucker	cremig rühren.
250 ml Speiseöl	sowie
250 ml Eierlikör	zugeben. Nach und nach
300 g Mehl	einrühren, in den letzten Rest Mehl
1 Pck. Backpulver	mischen, in den Teig sieben und alles kurz vermengen. Ein Drittel des Teiges in eine andere Schüssel geben.
2 EL Kakao	mit
½ TL Backpulver	vermischen, in den Teig sieben und verrühren.
75 g Mokkabohnen (1 Pck.)	unterheben. Eine Gugelhupfform ausfetten und mit
Zucker (braun)	ausstreuen. Zuerst den weißen Teig einfüllen und glatt streichen. Dann die Mokka-Bohnen-Masse darauf geben und mit einer Gabel spiralförmig von oben nach unten durch den eingeschichteten Teig ziehen. Den Backofen auf 175 °C (Ober- und Unterhitze) vorheizen und den Kuchen 45 bis 50 Minuten backen. Einige Minuten in der Form auskühlen lassen und auf ein Kuchengitter stürzen.

Spaß auf der Holzschaukel in Bad Rappenau

Marmorkuchen ist sehr beliebt.

Marmorkuchen – klassisch

250 g Butter oder Margarine	mit
250 g Zucker	cremig rühren. Nach und nach
4 Eier	
500 g Mehl, 200 ml Milch	einrühren. In den letzten Rest Mehl
1 Pck. Backpulver	mischen, zur Masse geben und verrühren. Eine Ringform ausfetten, bemehlen und die Hälfte des Teiges einfüllen.
2 EL Kakao, 1 TL Backpulver	mischen und mit
2 EL Rum (54%-ig)	in den restlichen Teig rühren. Diese Masse auf den hellen Teig geben und mit der Gabel von oben nach unten spiralförmig durch den eingeschichteten Teig ziehen. Den Backofen auf 160 °C (Umluft) vorheizen und den Kuchen etwa 50 bis 60 Minuten backen.

Gewürzkuchen

125 g Butter oder Margarine	mit
300 g Zucker, 5 Eigelbe	cremig rühren.
1 gestr. TL Zimt, ½ TL Nelken	und die abgeriebene Schale von
1 Zitrone (unbehandelt)	zufügen.
125 g Zartbitter-Schokolade	reiben und mit
150 g Haselnüsse oder Mandeln (gemahlen)	
200 g Mehl, 1 Pck. Backpulver	mischen. Nach und nach etwa
125 ml Milch	unterrühren.
5 Eiweiße	steif schlagen und vorsichtig unterheben. Eine Ringform einfetten und bemehlen. Den Teig einfüllen und im vorgeheizten Backofen bei 160 °C (Umluft) etwa 50 Minuten backen.

Musikautomat im Musikautomatenmuseum im Schloss Bruchsal

Rehrücken (für eine Rehrückenform)

100 g Butter oder Margarine	mit
150 g Zucker	cremig rühren, nach und nach
4 Eigelbe	zufügen, zu einer glatten Creme rühren.
100 g Zartbitter-Schokolade	reiben, mit
50 g Mehl, ½ TL Backpulver	
2 Pck. Schokoladenpuddingpulver	sowie
75 g Haselnüsse oder Mandeln (gemahlen)	mischen und unter die Eigelbmasse ziehen.
4 Eiweiße	zu Schnee schlagen und vorsichtig unterheben. Eine gewölbte Kastenform einfetten und bemehlen, den Teig einfüllen und glatt streichen. Den Backofen auf 160 °C (Umluft) vorheizen und den Kuchen 50 bis 60 Minuten backen. Vor dem Herausnehmen die Stäbchenprobe machen.
200 g Schokoladenkuvertüre (Vollmilch)	im Wasserbad schmelzen und den Kuchen noch warm damit bestreichen. Sofort mit
100 g Mandelstifte	spicken.

Sollte der Teig zu fest sein, kann man noch 2 Esslöffel Milch zugeben.

Herbst am Berhardsweiher See bei Oberderdingen

Der Heuchelberg

Als unsere Erde einst entstand,
Der Schöpfer schaut stolz übers Land.
Er sieht, noch etwas ist zu tun,
ein Platz fehlt ihm, um auszuruhn.

Als der Schöpfung Krönungswerk,
entstand dann unser Heuchelberg.
Aus warmem Sand formt er den Stein,
schuf Sonnenhänge für den Wein.

Von des Berges sanftem Haupt,
grüßt uns der Wald mit sattem Laub.
An seinem breiten Fuß
Entspringt manch Quell und eilt zum Fluss.
Durchfließt ein fruchtbar grünes Tal,
begleitet von der Sonne Strahl.

Ja, diesem Schöpfer danken wir
Für unsere schöne Heimat hier.

(Hermann Sommer, Haberschlacht)

Die Heuchelberger Warte

Hirschgehege im Kraichgau

Gold-Silber-Bund

100 g Butter oder Margarine	mit
120 g Zucker	cremig rühren,
4 Eigelbe	zufügen, so lange rühren, bis die Creme glatt ist. Nach und nach
200 g Mehl, 70 ml Milch	einrühren – dabei beachten: in den letzten Rest Mehl
½ Pck. Backpulver	mischen, alles zugeben und verrühren. Eine Ringform ausfetten, bemehlen und den Teig einfüllen.
200 g Butter oder Margarine	mit
180 g Zucker, 1 Pck. Vanillezucker	cremig rühren. Nach und nach
200 g Mehl, 60 ml Milch	einrühren – dabei beachten: in den letzten Rest Mehl
½ Pck. Backpulver	mischen, alles zugeben und verrühren.
4 Eiweiße, 1 Prise Salz	zu Schnee schlagen und zusammen mit
150 g Walnüsse (gehackt)	vorsichtig unter den Teig heben. Diesen Teig auch in die Backform geben und mit der Gabel von oben nach unten spiralförmig durch den eingeschichteten Teig ziehen. Den Backofen auf 160 °C (Umluft) vorheizen und den Kuchen etwa 50 bis 60 Minuten backen. Einige Minuten in der Form auskühlen lassen und auf ein Kuchengitter stürzen.

Walnüsse sammeln macht Spaß.

Hagebutten können zu Mus oder Konfitüre verarbeitet werden.

Rotweinkuchen

250 g Butter oder Margarine	mit
250 g Zucker	verrühren, nach und nach
5 Eigelbe	zufügen, zu einer glatten Creme rühren.
1 TL Zimt, 2 EL Kakao	mit
300 g Mehl	vermischen, nach und nach im Wechsel mit
125 ml Rotwein (Lemberger)	zur Creme geben. In den letzten Teil des Mehls
2 TL Backpulver, 1 TL Natron	mischen, zum Teig geben und alles vermengen.
5 Eiweiße, 1 Prise Salz	zu Schnee schlagen, zusammen mit
150 g Schokoladenraspel (dunkel)	unter die Masse heben. Eine Ringform ausfetten und bemehlen, den Teig einfüllen und bei 160 °C (Umluft) etwa 45 bis 50 Minuten backen. Einige Minuten in der Form abkühlen lassen und auf ein Kuchengitter stürzen.

Schon Wilhelm Busch sagte: »Rotwein ist für alte Knaben eine von den besten Gaben«.

Statue von Theodor Heuss vor dem Museum in Brackenheim

Theodor Heuss im Gespräch

Schokoladenkuchen

Von Walfriede Wolf aus Bretten

200 g Butter oder Margarine	mit
250 g Zucker	verrühren, nach und nach
6 Eigelbe, 1 Prise Salz	zufügen und cremig rühren.
200 g Zartbitter-Schokolade (2 Tafeln)	in feine Stückchen schneiden oder grob raspeln. Mit
200 g Mandeln (gemahlen)	
150 g Mehl, 1 Pck. Backpulver	sowie
1 TL Zimt, 1 Msp. Nelken (gemahlen)	in einer Schüssel vermischen, zur Buttercreme geben.
4 EL Rum (54 Vol.-%)	zufügen und alles vermengen.
6 Eiweiße, 1 Prise Salz	zu steifem Schnee schlagen und vorsichtig portionsweise unter den Teig heben. Eine Kastenform (26 cm Länge) oder eine Napfkuchenform ausfetten und bemehlen. Den Teig einfüllen und glatt streichen. Im vorgeheizten Backofen bei 160 °C (Umluft) 60 bis 70 Minuten backen. Einige Minuten in der Form lassen und dann auf einem Kuchengitter auskühlen lassen. Noch warm mit
100 g Aprikosenmarmelade	bestreichen.
150 g Schokoladenglasur (dunkel)	im Wasserbad erhitzen und den Kuchen damit überziehen.

Rot leuchtet der Klatschmohn.

Die Peterskirche in Lienzingen

Gerührter Streuselkuchen

250 g Butter oder Margarine	mit
250 g Zucker, 1 Pck. Vanillezucker	verrühren, nach und nach
5 Eier	zugeben und cremig rühren.
500 g Mehl, 125 ml Vollmilch	abwechselnd zügig unterrühren. In den letzten Rest Mehl
1 Pck. Backpulver	mischen und mit dem Teig vermengen. Ein Backofenblech mit Backpapier auslegen, den Teig darauf streichen.

Streusel

280 g Mehl, 200 g Zucker, 1 Pck. Vanillezucker	und
160 g weiche Butter	mit dem Knethaken verrühren, bis eine bröselige Masse entstanden ist.
100 g Mandeln (grob gehackt, geschält)	darunter mischen. Die Streusel auf dem Kuchen verteilen. Den Backofen auf 160 °C (Umluft) vorheizen und den Kuchen etwa 35 Minuten backen.

Beim Lichterfest in Eichtersheim

Schloss Michelfeld in Angelbachtal

Zebrakuchen

Von Vera Geckler aus Diedelsheim

6 Eigelbe	mit
140 g Zucker, 1 Pck. Vanillezucker	cremig rühren. Nach und nach
200 ml Speiseöl, 200 ml Wasser	einrühren.
6 Eiweiße	steif schlagen und mit
140 g Zucker	zu einer schnittfesten Masse rühren, auf die Eigelbmasse geben.
250 g Mehl, 1 Pck. Backpulver	mit
130 g Speisestärke	vermischen, über den Eischnee sieben und alle Zutaten vorsichtig vermengen. Ein Drittel des Teiges in eine andere Schüssel geben.
2 EL Rum	zufügen.
2 EL Kakao, 1 TL Backpulver	vermischen, über den Teig sieben und alles vorsichtig vermengen. Eine Springform (Ø 28 cm) ausfetten und bemehlen. In die Mitte des Bodens einen großen Schöpflöffel mit weißem Teig setzen und verlaufen lassen, dann einen kleineren Schöpflöffel mit der dunklen Masse in die Mitte des weißen Teiges geben und immer im Wechsel weiter so verfahren, bis alles aufgebraucht ist. Den Backofen auf 160 °C (Umluft) vorheizen, den Kuchen etwa 1 Stunde backen. Nach dem Backen einige Minuten in der Form lassen, dann auf ein Kuchengitter stürzen und auskühlen lassen.

Dieser Kuchen eignet sich auch gut für einen Kindergeburtstag, indem man ihn mit Schokolade glasiert und wahlweise mit Gummibärchen oder bunten Zucker- oder Schokoladeperlen verziert.

Der Zebrakuchen kommt jetzt in den Ofen.

Bertha Benz und die Ersinger Buben

Anton und Josef Hofmann, zwei neun und zehn Jahre alte Ersinger Buben, waren im August 1888 gerade auf dem Heimweg vom Futter mähen auf der Hofwiese beim Gewann »Sieh-dich-Für«. Ihr Weg führte sie durch den Springhäldenwald, an dessen Rand die alte Dorfstraße von Wilferdingen nach Pforzheim steil den Berg hinauf führte. Kaum hatten sie den Wald erreicht, vernahmen sie ein ohrenbetäubendes Rattern und Knattern. Kreideweiß vor Schreck stammelte der kleine Seppl: »D'r Deifel kommt!«. Zitternd und zähneklappernd versteckten sich die beiden hinter einer Eiche. Als das Ungetüm näher kam, hörten sie ganz deutlich das Rattern und Klappern der Ketten und ein beißender Gestank drang in ihre Nasen. Jetzt zerriss ein fürchterlicher Knall die Luft, und schlagartig wurde es ganz still. Da hörten sie eine Stimme rufen: »Wir hätten doch lieber durchs Pfinztal über Ellmendingen fahren

Skulptur von Bertha Benz mit ihren Söhnen am Anger in Bauschlott

sollen. Dort ist die Straße nach Pforzheim nicht ganz so steil. Der Sperlingshof da unten heißt nicht umsonst ›Sieh-dich-Für‹. Was machen wir jetzt nur?«

Bertha Benz

So spricht kein Teufel, dachten sie. Das war doch die Stimme einer Frau. Vorsichtig spähten die beiden hinter dem Baum hervor. Dicht vor ihnen stand ein dreirädriger, hoher, aber pferdeloser Wagen. Auf dem Kutschbock saß tatsächlich eine Frau aus Fleisch und Blut; und zwei Buben, etwas älter als sie, versuchten das sonderbare Fahrzeug vor dem Zurückrollen auf der steilen Straße aufzuhalten. »Versuchen wir es in Gottes Namen noch mal«, rief die Frau ihren Jungen Richard und Eugen zu. Das Rattern und Knattern begann wieder, und ein bläulich-weißer stinkender Dampf stieg stoßweise empor. Die Kutsche machte einige bockige Sprünge vorwärts und blieb nach einem schrecklichen Knall erneut stehen. »Aus, jetzt ist's ganz aus!« sagte die Frau, »Unser Wagen schafft es nicht. Was machen wir jetzt?«. Einer der Buben meinte: »Wenn nur ein Bauer in der Nähe wäre, der könnte uns helfen mit seinen Pferden oder Kühen«. Der andere fragte: »Wie weit ist es denn ins nächste Dorf? Ich will dorthin laufen und Hilfe holen«. Die Frau antwortete: »Da wirst du kein Glück haben, jetzt schneiden die Bauern das Korn, da sind die Dörfer leer und nach Ersingen ist es weit. Ich kenne mich hier gut aus!«

Anton und Josef packte die Neugier. Eine fahrende Kutsche ohne Pferde? Ihre Augen wurden so groß wie Pflugräder! Da rief einer der Jungens: »Mutter, da sind zwei Bauernbuben, die können uns helfen!« Die Frau rief ihnen zu: »Kommt mal her, ihr zwei, ihr werdet nicht gebissen. Helft uns ein bisschen schieben bis zur Ebene hoch, dann geht es sicher wieder allein«. Die Stimme der Frau klang nicht nach einem Teufel, sondern war ganz normal. Nun stemmten sich die

Der Kämpfelbach durch Ersingen

vier Buben mit voller Kraft gegen die Rückseite der Kutsche. Die Frau rief: »Los!« und der Wagen begann wieder zu fauchen und zu stinken. Die jungen Kerle schoben mächtig, doch sie merkten bald, dass in der Kutsche eine ziehende Kraft steckte. Ratternd ging es langsam bergauf. Dort wo der Weg von Ersingen nach Dietlingen die Landstraße kreuzt wurde es eben und das Fahrzeug hielt an.

»Das habt ihr fein gemacht, jetzt werden wir es sicher allein bis Pforzheim schaffen. Vielleicht könnt ihr in ein paar Jahren selbst in so einem Wagen ohne Pferde fahren«, sagte die Frau und fragte nach ihren Namen. Als Lohn bekamen Anton und Josef einige Münzen und drei kräftige Händedrücke. Staunend winkten die beiden, bis der Teufelskarren im Wald verschwunden war. Dann rannten sie ohne Sense, Gabel und Rechen nach Hause und erzählten von ihrem abenteuerlichen Erlebnis. Aber weder die Eltern noch das ganze Dorf glaubten die Geschichte von der pferdelosen, selbst fahrenden Kutsche. »Ihr Lausbuben, ihr hent en Sonnenstich!«, meinte der Vater nur und schickte sie zurück, die Mähwerkzeuge zu holen.

Einige Tage später berichtete die Zeitung von der ersten gelungenen Fahrt eines »Automobils« von Mannheim über den Kraichgau nach Pforzheim durch die Frau des Erfinders Dr. Carl Benz, Bertha Benz, aus Pforzheim. Die beiden Buben waren mächtig stolz, denn sie hatten ja an der ersten Überlandfahrt mitgewirkt – ohne die beiden wäre die Fahrt nicht gelungen und vielleicht gäbe es ohne sie überhaupt kein Auto! Die Münzen von Frau Benz hatten Anton und Josef noch lange als Andenken an die erste Autofahrt aufbewahrt und in Ehren gehalten.

Quelle: Rudolf Vögele, Heimatforscher aus Ersingen (ein Augenzeugenbericht von Gustav Adolf Reiling, nach dem Gespräch mit Anton Hofmann im November 1929, dem Ersinger Buben, kurz vor seinem Tode)

Blick über Ersingen

Zucchinikuchen

Die Zucchini, die ursprünglich im Mittelmeerraum beheimatet war, wurde in den letzten Jahren auch in unseren kühleren Gefilden sehr beliebt. Die kalorienarme und gleichzeitig mineralstoffreiche Zucchini wird heute viel und gerne als Gemüse oder gefüllt zubereitet. Außerordentlich gut schmecken sie auch als Zutat im Kuchen.

3 Eier	mit
250 g Zucker	gut verrühren.
200 ml Öl	langsam zugeben.
60 g Rosinen	waschen und mit
80 g Haselnüsse oder Mandeln (gemahlen)	sowie
1 TL Zimt, ½ TL Salz	zufügen. Nach und nach
350 g Mehl	bis auf einen kleinen Rest einrühren.
1 Pck. Backpulver	mit dem Rest Mehl vermischen, in den Teig sieben und vermengen.
300 g Zucchini	mit dem Rettichhobel raspeln und unter den Teig heben. Eine Ringform ausfetten, bemehlen, den Teig einfüllen und bei 175 °C (Umluft) etwa 1 Stunde backen.

Große Zucchini sollten geschält und entkernt werden. Dieser Kuchen gelingt leicht, schmeckt echt lecker und ist bis zu einer Woche haltbar.

Zucchini im Garten

Die Zubereitung von Hefeteig

Für einen einfachen Hefeteig mit 500 Gramm Mehl und entsprechenden Zutaten benötigt man 20 bis 30 Gramm Hefe. Ein Hefeteig mit Nüssen und viel Butter ist schwerer und erfordert etwa 40 Gramm Hefe. Wenn Presshefe (Würfelhefe) frisch und einwandfrei ist, fühlt sie sich feucht an, lässt sich leicht zerbröseln und glatt verrühren. Um sicher zu sein, ist es ratsam, die Hefe in einer großen Tasse mit wenig lauwarmer Milch und etwas Zucker anzurühren. Mehr als 20 Grad Celsius sollten es nicht sein, denn eine höhere Temperatur hebt die Hefegärung auf. Sobald die Hefe das doppelte Volumen erreicht hat, was etwa zehn Minuten dauert, kann sie dem Teig zugefügt werden.

Das Mehl für den Teig muss trocken und gesiebt und der Zucker feinkörnig sein. Bitte unbedingt beachten, dass alle Zutaten gleiche Temperaturen haben (zimmerwarm), um ein rasches Aufgehen des Teiges zu gewährleisten. Für 500 Gramm Mehl benötigt man etwa 250 Milliliter Flüssigkeit. Werden mehrere Eier und zerlassene Butter verwendet, dann sollte weniger Flüssigkeit zugegeben werden. Der Hefeteig gelingt sicherer, wenn er eher zu trocken als zu feucht verarbeitet wird.

Für süßen Hefeteig – wie für Kuchen, Stollen, Kranz- und Kleingebäck – rührt man zuerst die zimmerwarme Butter schaumig, gibt nacheinander die Eier, den Zucker und die übrigen Zutaten zu und vermengt danach alles gut mit dem Mehl und der aufgegangenen Hefe. Nach und nach gibt man so viel lauwarme Milch zu, wie zum Kneten nötig ist. Der Teig muss so lange geknetet und geschlagen werden, bis er Blasen zeigt und sich glatt und vollständig vom Knethaken und der Schüssel beziehungsweise von den Händen löst. Dann wird er mit etwas Mehl bestäubt und zugedeckt an einem warmen, zugfreien Ort stehen gelassen, damit er gehen kann. Die Temperatur sollte ungefähr 30 Grad Celsius betragen. Ein fester Teig braucht etwa zwei Stunden, ein weicher etwa eine Stunde, bis er das doppelte Volumen erhalten hat. Erst dann wird er auf einer bemehlten Backunterlage leicht durchgeknetet und entsprechend weiter verarbeitet.

Vor dem Backen muss der geformte Teig noch weitere 20 bis 30 Minuten zum Aufgehen warm gestellt werden. Damit die Oberfläche glänzt, streicht man je nach Rezept das Gebäck vor dem Backen mit verquirltem Ei oder fetter Milch ein. Hefeteig sollte im vorgeheizten Backofen schnell und bei mittlerer, gleichmäßiger Hitze gebacken werden. Bei zu großer Hitze verflüchtigen sich die Hefegase zu schnell; bei zu geringer Hitze verdampft zu viel Flüssigkeit im Innern des Teiges und das Gebäck bleibt »sitzen«, das heißt, es geht nicht auf und wird speckig.

Sonnenblumen ...
so weit das Auge reicht

Hefeteig (für ein Backofenblech)

10 – 20 g Hefe	mit
1 TL Zucker	und
2 EL Milch (lauwarm)	auflösen und etwa 5 Minuten aufgehen lassen.
50 g Butter	mit
50 g Zucker, ½ TL Salz	und
1 Eigelb	cremig rühren. Mit
250 g Mehl	und der aufgegangenen Hefe gut vermengen. Nach und nach von
125 ml Milch (lauwarm)	soviel zufügen, wie zum Kneten nötig ist und alles so lange kneten, bis der Teig Blasen zeigt und sich glatt von der Schüssel löst. Den Teig zugedeckt an einen warmen Ort stellen, bis er das doppelte Volumen hat (etwa 45 Minuten). Ein Backofenblech ausfetten, den Teig gleichmäßig ausrollen und das Blech auslegen, die Ränder etwas hochziehen. Falls der Boden mit saftigem Obst belegt wird, mit
2 EL feine Semmelbrösel	ausstreuen. Noch einige Minuten gehen lassen.

Dieser Kuchenboden kann mit beliebigem Obst, vorzugsweise Zwetschgen, belegt werden.

Christas Hefezopf

Hefezopf

Aus diesem Grundrezept kann jedes beliebige Gebäck, wie Schneckennudeln, Donuts, Osterhasen, Hefeschweinchen, Dambedeis oder Neujahrsbrezeln geformt werden. Die doppelte Menge der Zutaten ergibt einen Hefekranz.

30 g Hefe	in eine große Tasse bröseln und mit
2 EL Milch (lauwarm)	sowie
1 TL Zucker	auflösen. Zugedeckt an einen warmen Ort stellen, bis sich das Volumen verdoppelt hat.
100 g Butter	mit der abgeriebenen Schale von
½ Zitrone	sowie
70 g Zucker, ½ TL Salz	cremig rühren.
1 Ei, 2 Eigelbe	zufügen und mit
500 g Mehl	sowie der aufgegangenen Hefe gut vermengen. Nach und nach von
200 – 250 ml Milch (lauwarm)	soviel zufügen, wie zum Kneten nötig ist und so lange schlagen, bis der Teig Blasen zeigt und sich glatt von den Händen löst. Zugedeckt an einen warmen Ort stellen, bis er das doppelte Volumen hat. Den Teig in drei gleich große Portionen teilen. Auf einer bemehlten Unterlage einzeln zu gleich langen Rollen formen. Die drei Stränge von der Mitte aus zu einem Zopf flechten, die beiden Enden spitz zulaufen lassen und den Zopf der Länge nach auf ein gefettetes Backblech setzen. Nach etwa 15 Minuten Ruhezeit die Oberfläche mit
1 Eigelb	bestreichen.
Hagel- oder Kristallzucker	zwischen die Zopfrillen streuen und den Zopf mit
Mandelstifte oder Mandelblättchen	bestreuen. Bei 175 °C (Ober- und Unterhitze) etwa 30 Minuten backen.

Backen Sie den Zopf nach Belieben auch mit Rosinen – kneten Sie etwa 100 g davon vor dem »Gehen lassen« in den fertigen Teig ein.

Das Schloss in Bad Rappenau

Gefüllter Hefezopf – Schneckennudeln

Hefeteig	nach dem Rezept auf Seite 107 zubereiten.
Füllung	
2 Eiweiße	steif schlagen.
2 EL Schmand oder saure Sahne	sowie
1 EL brauner Zucker, ½ TL Zimt	
125 g Nüsse	dazugeben und verrühren. Etwa
50 g Rosinen	waschen, kurze Zeit in
1 EL Rum	einlegen und mit der Füllung vermischen.
Zubereitung des Zopfes	Den Teig nach dem Gehen in 2 gleich große Stücke teilen. Jedes Stück zu einer Platte von etwa 24 x 15 cm ausrollen. Jeweils die Hälfte der Füllung darauf streichen. Den Teig der Länge nach aufrollen und bis zur Mitte des Teiges einschneiden. Dann locker drehen und die beiden Stränge von der Mitte aus zusammen schlingen. Eine große Kapselform gut einfetten und bemehlen, den Zopf in die Form setzen und etwa 10 bis 15 Minuten gehen lassen.
1 Eigelb, 1 EL Milch	verquirlen und die Oberfläche des Zopfes bestreichen. Bei 175 °C (Ober- und Unterhitze) etwa 40 bis 45 Minuten backen.

Variation:

Aus diesem Rezept kann man auch Schneckennudeln zubereiten. Dazu rollt man den ganzen Teig etwa 1 cm dick zu einem Rechteck aus und streicht die Füllung darauf. Dann wird der Teig von der Längsseite aufgerollt und in etwa 3 cm dicke Scheiben geschnitten. Die Schnecken werden in einem Abstand von etwa 3 cm auf ein Backblech gesetzt und sollten noch etwa 10 Minuten gehen. Vor dem Backen mit verquirltem Eigelb bestreichen und etwa 15 bis 20 Minuten backen.

Waltrauds Schneckennudeln

Flachswickel

... sind auch im Schwarzrieslingdorf Kürnbach sehr beliebt und werden gerne auf dem örtlichen Weinfest angeboten.

30 g Hefe	mit
4 EL Milch (lauwarm)	
1 Pck. Vanillezucker	anrühren und zugedeckt stehen lassen, bis sich die Flüssigkeit verdoppelt hat. Inzwischen
250 g Butter, 1 Prise Salz	cremig rühren. Nach und nach
2 Eier	sowie
500 g Mehl	und zuletzt die aufgegangene Hefe untermischen. Alles zu einem glatten Teig verkneten. Sofort nach dem Kneten den Teig in 22 Stücke teilen. Jedes Teil auf
Hagelzucker	zu einer etwa 15 bis 20 cm langen Rolle formen, diese zu einer Schleife drehen und auf ein mit Backpapier ausgelegtes Blech setzen, etwa 15 Minuten gehen lassen.
1 Ei	verquirlen und die Flachswickel damit bestreichen. Bei 175 °C (Umluft) etwa 15 bis 20 Minuten backen.

Die Flachswickel schmecken frisch gebacken am besten.

Lustig geht es zu bei »Wandern mit Wein« in Kürnbach.

Nonnenfürzle

… ein Schmalzgebäck aus Brandteig. Das Rezept stammt zwar aus dem Allgäu, doch hauptsächlich zur Faschingszeit werden die Nonnenfürzle immer häufiger auch bei uns zubereitet. Ursprünglich hieß das Gebäck »Nonnenfürtchen«, was von dem mittelniederdeutschen Wort »Nunnekenfurt« abgeleitet ist und übersetzt heißt »von den Nonnen am besten zubereitet«. Inzwischen hat sich jedoch das Wort »Nonnenfürzle« durchgesetzt, was natürlich zu mancherlei Spekulation anregt. So soll ein alter Domherr, der als Feinschmecker galt, sich das größte aus der Schüssel genommen und dabei gesagt haben: »Ich nehme das von der Mutter Oberin«.

250 ml Wasser, 1 Prise Salz	mit
1 EL Puderzucker, 50 g Butter	in einem Topf aufkochen. Von der Herdstelle nehmen und auf einmal
100 g Mehl	gemischt mit
50 g Speisestärke	zugeben und kräftig rühren, bis sich ein Kloß und auf dem Topfboden eine Haut gebildet hat. Den Teig in eine Rührschüssel geben und sofort eines von
4 Eier	einrühren. Etwas abkühlen lassen und dann nacheinander die übrigen 3 Eier sowie

Fastnachtsnarr in Odenheim

1 EL Orangenlikör	unterrühren.
2 l Sonnenblumenöl	in einem Topf oder in der Fritteuse auf 180 °C erhitzen. Mit Hilfe von 2 Teelöffeln kleine, etwa 2 bis 3 cm große Kugeln aus dem Teig formen und sofort ins Fett geben. Die Oberfläche des Topfes darf nur zur Hälfte befüllt sein, da die Nonnenfürzle mehr als doppelt so groß aufgehen. So lange im Fett lassen, bis sie rings herum hellbraun sind. Das Gebäck mit einem Schaumlöffel herausnehmen und auf Küchenpapier abtropfen lassen.
4 EL Zucker, 1 TL Zimt	mischen und die Nonnenfürzle noch heiß darin wenden.

Die Nonnenfürzle können – wie die Fastnachtsküchle (Rezept S. 121) – mit Marmelade gefüllt werden und schmecken noch heiß am besten. Dazu serviert man Vanille- oder Weinsoße (Rezept S. 39). Selbstverständlich schmeckt auch jede Art von Kompott oder eingewecktes Obst dazu.

Letzenberg-Kapelle bei Malsch

Innenansicht der Cyriakuskirche in Bönnigheim

Franz Anton Egetmeyer – der Schneider von Pensa

Fragt man einen Brettener nach dem »Egetmeyerweg«, so ist dieser Name zumindest ein Begriff – aber auf die Frage, wer Egetmeyer war, erhält man nur ein hilfloses Achselzucken. Dabei lohnt es sich durchaus, den Werdegang dieses Bretteners ein wenig näher zu beleuchten.

Sein Weg nach Pensa

Franz Anton Egetmeyer wurde am 6. Oktober 1760 in Bretten geboren. Dort erlernte er das Schneiderhandwerk und ging, wie es damals üblich war, auf Wanderschaft, um seine Fertigkeiten zu erweitern sowie Land und Leute, Sitten und Gebräuche anderer Regionen näher kennen zu lernen. Seine Stationen führten ihn über Mannheim und Nürnberg und 1785 weiter nach Osten bis St. Petersburg, wo er als Regimentsschneider in einem russischen Kavallerieregiment eine Anstellung fand. Auch hier blieb er nicht lange und reiste quer durch das russische Steppenland. In Pensa, einer Stadt zwischen Moskau und dem südlichen Ural gelegen, wurde Egetmeyer schließlich sesshaft, heiratete dort eine Deutsche – es gab in Pensa mehrere deutsche Einwohner – und gründete eine Familie. Durch seine erfolgreiche Arbeit konnte er zeitweise vierzig Gesellen beschäftigen und kam zu einem bescheidenen Wohlstand und genoss hohes Ansehen in der Stadt.

Pensa um 1800

Krieg in Russland

Als Kaiser Napoleon im Jahr 1812 seinen Russlandfeldzug begann, musste das Großherzogtum Baden im Rahmen seiner Bündnisverpflichtung etwa 7000 Soldaten stellen, die in dem großen Desaster Grauenvolles erlebten. Nur etwa 140 Mann kamen wieder zurück in ihre Heimat. Viele gerieten in Gefangenschaft – die letzten kamen im Jahre 1814 nach Hause. Als ein Gefangenentransport im Spätsommer 1813 in Pensa eintraf, erkundigte sich Egetmeyer bei den Gefangenen nach ihrer Herkunft. Er war wie versteinert, als er badische Landsleute aus Mannheim, Heidelberg, Schwetzingen, Bruchsal, Gochsheim, Knittlingen und weitere, ihm bekannte Ortschaften seiner alten Heimat Baden, aber auch aus Württemberg und Bayern traf.

Egetmeyer sorgte durch Fürbitte bei seinem Gouverneur, dem Fürsten Galizin dafür, dass sie nicht in ein anderes Lager weitertransportiert wurden. Ohne zu zögern versorgte er die halb verhungerten und erfrorenen Gestalten mit Nahrung und Kleidung. Er selbst nahm Major von Fischer, Sohn eines badischen Ministers und Hauptmann von Zech, Sohn eines badischen Generals in seinem Hause auf und pflegte sie, bis sie wieder zu Kräften kamen. Die restlichen 14 Offiziere und Soldaten brachte er bei Freunden und Bekannten unter, darunter den Sohn des Schneidermeisters Braun aus Knittlingen und Soldat Stutter aus Rinklingen. Laut Briefen Egetmeyers und von Zechs trafen sich die Soldaten jeden Abend in dem schönen Garten von Egetmeyer zu Gesprächen über das Erlebte und von der Heimat. Nach vier Monaten der Gastfreundschaft, Ende Dezember 1813, durften die Soldaten endlich heimkehren. Hierfür gab ihnen Egetmeyer noch einen stattlichen Betrag

Herbstlicher Blick über Bretten

als Wegegeld mit sowie einen wertvollen Bärenpelz, den die Heimreisenden, wenn nötig, eintauschen konnten. Im Mai 1814 kamen sie endlich heil und unversehrt zu Hause an.

Unerwartete Ehrung
Die geretteten Soldaten berichteten ihren Offizieren und Militärärzten von ihrer glücklichen Begegnung und ihrem Wohltäter und beantragten eine Ehrung bei dem badischen Großherzog. Egetmeyer wurde mit der badischen »Goldenen Zivilverdienstmedaille« ausgezeichnet, die ihm in Pensa am 3. Januar 1816 vom Fürsten Galizin vor versammeltem Hofe überreicht wurde. Der Text der Urkunde lautete: »Dem braven Franz Anton Egetmeyer überreiche ich hierbei, wegen der Meinen gefangenen Offizieren geleisteten uneigennützigen und menschenfreundlichen Dienste die Goldene Verdienstmedaille, um solche als Andenken von Mir und vom dankbaren Vaterlande zu tragen. Gezeichnet Großherzog Carl von Baden«.

In seinem Dankesbrief an die badischen Offiziere zitierte Egetmeyer den Fürsten Galizin bei seiner unverhofften Ehrung mit den Zeilen: »Sehen Sie, was unser allergnädigster Kaiser (Alexander I.) Ihnen zuschickt«, dann hob er die Medaille am orangenen Bande in die Höhe. »Dieses Ehrenzeichen erhalten Sie von Ihrem erhabenen Fürsten, es zu tragen und unser Kaiser erlaubt es Ihnen, zu tragen«.

Gouverneurspalast im Winter

Stadt Pensa am Fluss

Als Egetmeyer die Vorladung erhielt, am 3. Januar 1816 um 19 Uhr beim Fürsten Galizin zu erscheinen, packte er sein Schneiderwerkzeug zusammen in dem Glauben, dem Fürsten eine Kleidung nähen zu dürfen. Von der unerwarteten Auszeichnung und der Beglückwünschung des anwesenden Hofstaates war Egetmeyer total überwältigt und kam mit schlotternden Knien nach Hause.

Unvergessen durch Johann Peter Hebel

In seinem letzten Brief schrieb Egetmeyer, dass er voll Stolz und Dankbarkeit die Urkunde eingerahmt und in seinem Wohnzimmer aufgehängt habe, um seinen Nachkommen weiterzugeben, dass Hilfsbereitschaft und Nächstenliebe vergolten wird. Er schrieb auch, dass sich die russische Zarin, eine Schwester des badischen Großherzogs, durch die Schenkung eines Stückes Landes mit Waldung von etwa 300 Morgen bei ihm bedankt hat. Auch durfte er erfahren, dass seine Großherzigkeit und Hilfsbereitschaft durch die »Erzählung eines badischen Offiziers« vom Jahr 1818 im »Rheinischen Hausfreund« in Deutschland, aber auch in Russland, durch die Übersetzung im Journal »Sohn des Vaterlandes«, bekannt wurde. Diese Geschichte, erstmals niedergeschrieben von Johann Peter Hebel im Jahr 1815, wurde danach Pflichtlektüre in den Schulen Badens im 19. Jahrhundert.

Seine Heimat aber hat der Schneider von Pensa nie wieder gesehen. Er starb zwei Jahre nach der Auszeichnung, im Jahre 1818. Diese großherzige Geste Egetmeyers hat es verdient, dass er in seiner Heimatstadt Bretten nicht vergessen wird.

Pensa um 1800 mit Holzbrücke

Straßenschild in Bretten

Frischkäsehörnle

400 g Mehl	mit
250 g weiche Butter	sowie
200 g Frischkäse, 2 Eigelbe	zu einem glatten Teig verarbeiten und etwa 2 Stunden in Folie gewickelt kühl stellen.

Füllung

2 Eiweiße	zu Schnee schlagen.
150 g Zucker	einrühren.
250 g Nüsse	zufügen. Falls die Masse nicht streichfähig genug ist, je nach Geschmack mit etwas
Sahne oder Likör	verdünnen.

Zubereitung der Hörnle

	Den Teig in 4 gleich große Stücke teilen. Jeweils einen Kuchen in der Größe eines Tortenteilers ausrollen. Je ein Viertel der Füllung auf einen Kuchen streichen und mit dem Tortenteiler die Dreiecke ausstechen. Von der breiten Seite her zu Hörnle aufrollen und mit der Spitze nach unten auf 2 mit Backpapier ausgelegte Bleche setzen und im vorgeheizten Backofen bei 160 °C (Umluft) etwa 25 bis 30 Minuten backen. Nach dem Erkalten mit
Puderzucker	bestreuen.

Auch Pferde haben sich lieb.

Frischkäsehörnle

Rosenküchle

... werden mit einer speziellen Form, dem »Roseneisen«, im heißen Fett ausgebacken.

300 g Mehl, 5 Eier	mit
125 ml Milch, ½ TL Salz	
1 EL Zucker, 1 Pck. Vanillezucker	zu einem glatten Teig verrühren.
2 l Frittieröl oder -fett	in der Fritteuse oder im Topf auf 180 °C erhitzen. Das Roseneisen zum Erwärmen in das heiße Fett halten. Dann sofort vorsichtig in den Teig tauchen, so dass der obere Rand der Rosenform sichtbar bleibt, doch genug Teig am Eisen haftet. Das Eisen in das siedende Fett tauchen, bis sich der Teig von der Form löst, das Eisen herausnehmen. Mit einem Schaumlöffel das schwimmende Küchle wenden, damit es auch auf der anderen Seite Farbe bekommt. Nach dem Herausnehmen mit
Puderzucker	bestäuben.

Wenn man den Stiel eines Holzlöffels ins heiße Fett hält und sich Blasen um den Stiel bilden, ist das Fett siedend heiß. Am besten kann man die Temperatur mit einem digitalen Thermometer messen.

Die Königin der Blumen

Gebäck: Rosenküchle

Variationen für süße Waffeln

Waffeln werden in einem Waffeleisen ausgebacken und bei uns gerne und zu jeder Gelegenheit gegessen. Auf jedem Schul- oder Straßenfest werden sie mit Puderzucker bestäubt oder mit Marmelade oder eingedickten Kirschen und Sahne angeboten.

Waffel-Grundrezept

250 g Butter oder Margarine	sowie
100 g Zucker, 6 Eigelbe	mit dem Handrührgerät cremig rühren,
400 g Mehl, 1 TL Backpulver	mit
100 g Stärkemehl	vermischen, nach und nach zusammen mit knapp
500 ml Milch	zu einem glatten Teig verrühren.
6 Eiweiße, 1 Prise Salz	zu Schnee schlagen und unterheben. Das Waffeleisen vorheizen, jeweils einen Schöpflöffel Teig in die Mitte setzen und hellbraun ausbacken, noch heiß mit
Puderzucker	bestäuben.

Alle Zutaten sollten Zimmertemperatur haben, damit sich die Masse gut verbindet. Wenn Sie knusprige Waffeln bevorzugen, nehmen Sie anstatt Milch Mineralwasser.

Sahne-Waffeln

250 g Margarine	sowie
100 g Zucker, 1 Pck. Vanillezucker	
4 Eigelbe	mit dem Handrührgerät cremig rühren.
125 g Mehl, 2 TL Backpulver	mit
125 g Stärkemehl	vermischen, nach und nach mit
250 ml Sahne	zu einem glatten Teig rühren.
4 Eiweiße, 1 Prise Salz	zu Schnee schlagen und unterheben. Waffeln im Waffeleisen ausbacken.

Imkerstand

Mohrenwaffeln

> *Mandeln lassen sich gut enthäuten, wenn man sie kurz in kochendes Wasser legt. Danach im Backofen oder ausgebreitet auf einem Küchentuch gut trocknen lassen.*

250 g Margarine	sowie
150 g Zucker, 1 Pck. Vanillezucker	
4 Eigelbe	mit dem Handrührgerät cremig rühren.
30 g Kakao, 2 TL Backpulver	mit
2 Pck. Schokoladenpuddingpulver	vermischen und mit
4 EL Sahne oder Kondensmilch	zu einem glatten Teig rühren.
100 g Mandeln (gemahlen)	untermischen.
4 Eiweiße, 1 Prise Salz	zu Schnee schlagen und unterheben. Im Waffeleisen ausbacken.

Apfel-Quarkwaffeln

6 Eigelbe, 80 g Zucker	sowie
250 g Quark (40 % Fett i.Tr.)	
120 g weiche Butter oder Margarine	mit dem Handrührgerät cremig rühren.
300 g Mehl, 1 TL Backpulver	mischen, dazugeben und mit
200 ml Milch	zu einem glatten Teig rühren.
6 Eiweiße, 1 Prise Salz	zu Schnee schlagen, unterheben.
2 säuerliche Äpfel	schälen, fein raspeln, mit dem Saft von
½ Zitrone	beträufeln und unter den Teig heben. Im Waffeleisen ausbacken.

> *Schlagen Sie 250 ml Sahne steif, rühren Sie 2 EL Zucker und 50 g gemahlene Haselnüsse darunter und geben Sie einen Klecks von dieser Nusssahne auf die Apfel-Quarkwaffeln.*

Leckere Waffeln – frisch zubereitet

Windbeutel – Brandteiggebäck

250 ml Wasser	mit
65 g Butter, 1 Prise Salz	aufkochen. Den Topf vom Herd nehmen und auf einmal
150 g Mehl	zugeben. Den Topf wieder auf den Herd stellen und alles zu einem dicken Kloß verrühren. So lange rühren, bis sich am Topfboden eine milchige Haut bildet. Den Teig in eine Rührschüssel geben und sofort eines von
5 Eier	einrühren, dann nach und nach die restlichen Eier einzeln einrühren. Der Teig muss glänzen und schwer reißend vom Löffel fallen. Sollte er zu fest sein, ein weiteres Ei zugeben. Ein Backblech (besser zwei) mit Backpapier auslegen. Den Brandteig in einen Spritzbeutel mit großer Tülle füllen und spiralförmig 12 bis 14 Häufchen auf das Blech spritzen. Genügend Abstand halten, da die Windbeutel beim Backen sehr stark aufgehen. Den Backofen auf 175 °C (Umluft) vorheizen und die Windbeutel 35 bis 40 Minuten backen. Während der Backzeit die Tür nicht öffnen, da sie sonst zusammenfallen. Sofort nach dem Backen mit einer scharfen Schere oder Messer den oberen Deckel auf- oder abschneiden, damit die Feuchtigkeit entweichen kann.
500 ml Sahne	mit
3 Pck. Sahnesteif	
2 Pck. Vanillezucker	steif schlagen, die Windbeutel damit füllen und mit
Puderzucker	bestäuben.

Die Windbeutel können beliebig gefüllt werden. Sehr gut schmecken Sauerkirschen oder alle Arten von frischen Beeren mit Sahne.

Mit Sahne gefüllte Windbeutel

Fastnachtsküchle

... werden bei uns hauptsächlich in der Faschingszeit – meistens am Faschingsdienstag – als Mittagessen serviert. Sie werden traditionell als »Küchle« gebacken, doch in Ersingen werden sie in der Form einer Fledermaus ausgestochen, da die Karnevalsgesellschaft diesen Namen trägt.

Vorbereitung	
42 g Hefe	in eine Tasse bröseln, mit
5 EL Milch (lauwarm)	und
1 TL Zucker	verrühren, bis die Masse flüssig ist. Zugedeckt an einen warmen Ort stellen, bis sich der Vorteig verdoppelt hat.

Hefeteig	
500 g Mehl, 50 g Zucker	sowie
2 Eier, 1 Prise Salz	
70 g Butter (zimmerwarm)	in eine Schüssel geben, den Vorteig und
200 ml Milch (lauwarm)	zufügen und mit den Knethaken so lange kneten, bis der Teig Blasen schlägt. Den Teig zugedeckt an einen warmen Ort stellen, bis er sich verdoppelt hat (etwa 1 Stunde). Anschließend auf ein bemehltes Backbrett geben und fingerdick ausrollen. Mit einem Glas Küchle ausstechen und zugedeckt 20 Minuten ruhen lassen.
2 l Speiseöl	in einem weiten Topf oder in der Fritteuse auf 180 °C erhitzen. Die Küchle mit der Oberseite zuerst ins Fett geben und auf jeder Seite etwa 3 Minuten hellbraun backen. Mit dem Schaumlöffel herausnehmen und auf ein Küchenpapier legen.
3 EL Zucker, 1 TL Zimt	mischen und die Küchle noch heiß darin wenden.

Füllung	
100 g Marmelade oder Gelee	in eine Tortenspritze mit langer Tülle füllen und die Fastnachtsküchle seitlich am weißen Rand damit befüllen. Sie können heiß und kalt serviert werden.

Traditionell wird eingewecktes Obst dazu serviert. Füllen Sie einige der Küchle mit Eierlikör und reichen Sie dazu Vanille- oder Weinsoße (Rezept S. 39).

Wie auch in anderen Haushalten gab es in den 1950er und 1960er Jahren bei uns einmal in der Woche eine Süßspeise als Mittagessen. Zum einen kam das daher, weil eine Süßspeise nicht so teuer war und zum anderen, weil man das eigene eingeweckte Obst, Apfelmus oder Kompott dazu servieren konnte. Allerdings gab es als Vorspeise meistens eine kräftige Suppe.

Grieß-Auflauf mit Pfirsich-Soße

Von Claudia Fesenbeck aus Flehingen

250 ml Milch	aufkochen.
80 g Grieß	sowie
1 Pck. Vanillezucker	
1 EL Zucker, ¼ TL Zimt	zugeben und unter ständigem Rühren einen dicken Brei kochen. Den Topf von der Kochstelle nehmen.
2 Eigelbe	sowie
150 g Joghurt	
2 TL abgeriebene Zitronenschale	
2 EL Zitronensaft	unterrühren, abkühlen lassen.
2 Eiweiße	steif schlagen und vorsichtig unterheben. Den Brei in eine gefettete Auflaufform füllen und im vorgeheizten Backofen etwa 30 Minuten bei 200 °C (Umluft 180 °C) backen. Nach dem Backen mit
1 EL Puderzucker	bestäuben.

Pfirsich-Soße

400 g Pfirsiche (aus der Dose)	mit
100 ml Pfirsichsaft	pürieren und zum Auflauf servieren.

Smaragdeidechsen bevorzugen sonnenerwärmte Geländehänge, wie Streuobstwiesen und Weinberge.

Grießknöpfle – Grießschnitten

1 l Milch, 40 g Butter	mit
je 1 Prise Salz, Muskat	zum Kochen bringen.
300 g Grieß	langsam zugeben und zu einem dicken Brei rühren, bis er sich vom Topfboden löst. Den Teig etwas abkühlen lassen, dann
2 Eier	unterrühren. Die Grießmasse auf ein befeuchtetes Backbrett streichen, das Wellholz mit Wasser befeuchten und 1 cm dick auswellen. Nach dem Erkalten in rechteckige Stücke schneiden.
1 Ei	verquirlen, die Grießschnitten darin wenden, in
2 EL Butterschmalz	auf beiden Seiten goldgelb backen.
1 EL Zucker, ½ TL Zimt	mischen, die Grießschnitten vor dem Anrichten damit bestreuen.

Reichen Sie dazu Kompott.

Bauernhochzeit in Bretten

Brunnen in Neibsheim

Grießpudding

500 ml Milch	mit
2 EL Zucker, ½ TL Zimt	aufkochen, unter Rühren
50 g Grieß	einstreuen und bei geringer Temperatur etwa 10 Minuten quellen lassen. Dabei öfters umrühren.
2 Eigelbe, 1 EL Milch	verquirlen und einrühren. Von der Kochstelle nehmen.
2 Eiweiße	zu Schnee schlagen und unter den heißen Brei heben.

Ganz köstlich schmeckt dazu roter Johannisbeersaft.

Das Walzerlied

Victor Holländer

»Als Bübchen mit heißem Verlangen
sah oft ich zum Nachbar hinein,
dort sah einen Kirschbaum ich prangen,
der lud mich zum Naschen ein.

Die Kirschen ganz heimlich gestohlen,
was besseres wusst' ich mir kaum.
Ich kroch durch den Zaun, sie zu holen
und klettert auf Nachbars Baum.

Kaum konnt' ich die Stunde erwarten,
wo sich die Gelegenheit bot.
Die Kirschen in Nachbars Garten,
die waren so süß und so rot …«

Romantischer Sonnenuntergang

Stierum oder Kratzete

Der Name »Stierum« beziehungsweise »Kratzete« stammt daher, dass nach dem Zerreißen des Pfannkuchens ständig in der Pfanne »rumgestiert« oder »gekratzt« werden muss. In Österreich nennt man diese Mehlspeise »Kaiserschmarrn«.

5 Eigelbe	im Wechsel mit
375 ml Milch	und
250 g Mehl	gut verrühren.
5 Eiweiße, 1 Prise Salz	steif schlagen und unter den Teig ziehen.
20 g Butterschmalz	in einer Pfanne erhitzen. Die Hälfte des Teiges einfüllen und bei mittlerer Hitze stocken lassen, bis die Unterseite fest ist. Die Oberseite soll noch feucht sein. Mit
1 EL Puderzucker	bestäuben. In der Pfanne mit 2 Gabeln in größere Stücke zerreißen. Unter ständigem Wenden rösten, bis die Stücke goldgelb sind. Zwischendurch
1 EL Butter	zugeben, damit das Stierum nicht anbrennt. Auf eine vorgewärmte Platte geben, bis der zweite Pfannkuchen fertig ist.

Mit Puderzucker bestäuben und heiß servieren. Zu Stierum reicht man gerne Apfelmus (Rezept S. 43) oder Kompott.

Weingarten im Kraichgau

Rahmnudeln – eine Spezialität aus dem Kraichtaler Raum

Diese Art der Zubereitung hat sich über Landshausen unter anderem bis in Ortsteile von Bretten verbreitet. Das Rezept ergibt etwa 24 Nudeltaschen.

Von Anneliese Albert aus Bauerbach

Nudelteig

4 Eier, 1 Prise Salz	mit
4 EL Wasser, 1 TL Essig	schaumig rühren, nach und nach
400 g Mehl	untermischen und gut verarbeiten. Den Teig auf dem Backbrett so lange kneten, bis er beim Durchschneiden kleine Löcher zeigt. In 2 Stücke teilen, rund formen, abdecken und mindestens 1 Stunde ruhen lassen. Jede der zwei Teighälften zu einem dünnen etwa 30 x 60 cm großen Rechteck auswellen, dann in Rechtecke von etwa 10 x 15 cm teilen.

Füllung

400 ml saure Sahne	mit
2 EL Zucker, ½ TL Zimt	verrühren. Die einzelnen Teigplatten mit der Rahmmischung bestreichen und zuklappen. In einer großen Pfanne
1 EL Butter	erhitzen, etwa 8 Stück (die Nudeln nicht übereinander legen) der Teigtaschen kurz oben und unten anbraten, die Herdhitze auf kleine Stufe zurückdrehen. Etwa
125 ml warme Milch	über die Nudeln gießen, den Deckel auflegen und bei niedriger Temperatur etwa 10 Minuten garen, bis der Teig bissfest ist und die Milch bis auf einen kleinen Rest verdampft ist. Die Nudeln zwischendurch einmal wenden.

Die Rahmfüllung wird auf die Teigplatten gesetzt.

Rahmnudeln – einfache Variante aus Kraichtal-Neuenbürg

Von Margit Amend aus Gondelsheim

Nudelteig	wie auf Seite 126 beschrieben zubereiten, nach dem Auswellen in schmale, etwa 2 cm breite Streifen schneiden und etwas trocknen lassen.
1 EL Butter oder Margarine	in einer Pfanne erhitzen, darin
2 EL brauner Zucker	karamellisieren, etwa die Hälfte der geschnittenen Nudeln einfüllen.
200 ml Milch	darüber gießen, nur so viel Milch nehmen, dass die Nudeln bedeckt sind. Den Deckel auflegen und die Nudeln bei geringer Hitze und unter mehrmaligem Wenden etwa 10 Minuten bissfest garen.

Als Beilage schmeckt Apfelmus (Rezept S. 43).

Rahmnudeln serviert mit Apfelmus

Doktor Johannes Faust – eine Legende

Wer kennt ihn nicht: Doktor Faust. Die sagenhafte Gestalt zwischen Alchemist und Universalgelehrtem, dem Goethe zu Weltruhm verhalf. Den rastlosen Magister, der gar mit dem Teufel paktierte, um herauszufinden, »was die Welt im Innersten zusammenhält«. Doch vom historischen Faust, dem Mann aus Fleisch und Blut, wissen wir nur wenig.

Sein Werdegang

Mit einiger Gewissheit kann man sagen, dass Johann Georg Faust um 1480 in Knittlingen geboren wurde. Urkundliche Belege existieren jedoch keine, da bei den verheerenden Brandschatzungen der Franzosen im Kraichgau im 17. Jahrhundert das Gemeindearchiv der Stadt Knittlingen in Flammen aufging. Lediglich in einem Kaufvertrag findet sich ein Hinweis des Notars: »das Haus, in dem Faust geborn«. Auch Philipp Melanchthon (1497 bis 1560), der berühmte Humanist und Mitstreiter Martin Luthers, erwähnt Knittlingen als Geburtsort von Faust: »Ich hab einen gekennet mit Namen ›Faustus von Kundling‹ (ist ein kleines Stettlein nicht weit von meinem Vaterland). Derselbige, da er zu Crackow in die Schul ging, da hatte er die Zauberey gelernet, wie man sie dann vor Zeiten an dem Ort sehr gebraucht, auch öffentlich solche Kunst gelehret hat«.

Laut dem »literarischen Faust« studierte er als junger Mann wohl Theologie an einer nicht sicher bekannten Universität und erwarb den Doktorgrad. Doch neben der göttlichen Lehre sollen ihn auch die »geheimen Wissenschaften« im wahrsten Wortsinn magisch angezogen haben. Und so soll Faust an einer Universität auch Alchemie, Astrologie, Astronomie und Philosophie studiert haben. Nach der vergeblichen Suche einer festen Anstellung, blieb ihm nichts weiter übrig, als sein Leben als »Bader«, Wahrsager und Alchemist auf den Straßen und Jahrmärkten der näheren und weiteren Umgebung zu fristen.

Stationen seines Lebens

Nach einer Legende erbat sich selbst der Abt des Klosters Maulbronn, Abt Entenfuß, seine angeblichen Goldmacherkünste – doch der Versuch misslang und der versprochene Lohn blieb aus. Was tun? Gut, dass es den Kraichgauritter Franz von Sickingen gab – mit seinen raufllustigen Landsknechten eine nicht minder schillernde Figur – der dem illustren Gelehrten von Zeit zu Zeit aus der Bredouille half.

Fauststatue vor dem Rathaus in Knittlingen

Schließlich fand der »fahrende Doktor« im Jahr 1507 eine Anstellung als Schulleiter in Bad Kreuznach und im Jahr 1513 in Erfurt als Dozent, doch seine alchemistischen Experimente verschafften ihm bei der Geistlichkeit den Ruf eines gottlosen Zauberers. Als Faust von einem Pater examiniert werden sollte, lachte Faust laut auf und rief – wohl aus Spott – er habe einen Pakt mit dem Teufel geschlossen. Die entsetzte Obrigkeit verstand keinen Spaß und jagte ihn mit Schimpf und Schande aus der Stadt. Mit allen Mitteln versuchte Faust seinen Ruf als Gelehrter zu retten. Ständig wechselte Faust seinen Aufenthaltsort, was in der damaligen Zeit üblich war, um seinen Lebensunterhalt zu verdienen.

Sein Ende

Das Ende seines Lebens verbrachte der verkannte Naturwissenschaftler in Staufen im Breisgau, bis er um 1540 – vermutlich durch eine Explosion im Gasthaus »Zum Löwen« bei Versuchen, Gold zu machen – ein unrühmliches Ende fand. Knittlingen hat seinem berühmten Sohn ein Museum eingerichtet – das einzige auf der Welt. Dort findet man auf drei Etagen etwa 2500 Exponate zur Faust-Tradition. Mit dem alle zwei Jahre stattfindenden »Fauststadtfest« erinnert die Stadt Knittlingen an Johannes Faust und zieht viele Besucher aus der ganzen Umgebung an.

»Giftschrank des Dr. Faust«

Das Alte Rathaus der Stadt Knittlingen, heute Faust-Museum

Reisauflauf

200 g Reis	waschen, abtropfen lassen, mit
1 l Milch	etwa 30 Minuten bei geringer Hitze weich kochen, gelegentlich umrühren, dann abkühlen lassen.
60 g Butter	schmelzen und mit
80 g Zucker	
4 Eigelbe	sowie der abgeriebenen Schale von
1 Zitrone	schaumig rühren.
4 Eiweiße	zu Schnee schlagen. Den Reis unter die Eigelbmasse rühren, zuletzt den Eischnee unterziehen. Eine Auflaufform ausfetten, den Reis einfüllen. Bei 160 °C (Umluft) etwa 45 Minuten backen, heiß servieren.

Servieren Sie dazu Kompott oder eingewecktes Obst.

Morgenstimmung am Aalkistensee

Ein Mönch im Weinberg Maulbronn

Kirschpfannkuchen

Das Rezept ergibt etwa acht handtellergroße Pfannkuchen. Von Juni bis Mitte Juli – während der Kirschen-Hauptsaison – werden diese gerne als Mittagessen serviert. Nicht nur der Kirschenplotzer, sondern auch die Kirschpfannkuchen sind bei uns sehr beliebt.

2 Eier, 1 EL Zucker	sehr schaumig rühren.
2 EL Mehl, ½ TL Backpulver	mischen, sieben und während des Rührens ganz langsam in den Eierschaum einrieseln lassen.
500 – 750 g Süßkirschen	entstielen, waschen und nicht entsteint untermischen
30 g Sonnenblumenöl oder Butterschmalz	in einer Pfanne erhitzen. Mit dem Schöpflöffel 4 kleine Kuchen in eine Pfanne setzen und bei mäßiger Hitze langsam auf beiden Seiten hellbraun ausbacken.
2 EL Zucker, 1 TL Zimt	vermischen und die Pfannkuchen damit bestreuen, heiß servieren.

Dazu reicht man Vanille- oder Weinsoße (Rezept S. 39).

Die Skulptur »Die Scheibenschläger« in Ersingen

Apfel-Sekt-Sorbet

Von Elke Wolff aus Bretten

Bereiten Sie das Dessert am Vortag zu und nehmen Sie es vor Beginn der Mahlzeit aus dem Gefrierschrank, damit es antauen kann. Die Angaben sind ausreichend für vier große oder sechs kleine Portionen.

250 ml Sekt (trocken) oder Champagner	in einen Kochtopf geben.
1 Zitrone (unbehandelt)	heiß abwaschen, die Schale dünn abschälen und die Zitrone auspressen. Saft und Schale mit
175 g Zucker	sowie
1 Prise Anispulver	zum Sekt geben und alles langsam zum Kochen bringen. Einen von
750 g rote Äpfel	entkernen und in schmale Spalten schneiden. Die Spalten etwa 2 bis 3 Minuten im Sekt-Sud köcheln lassen – die rote Farbe aus der Schale zieht dekorativ ins Fruchtfleisch ein. Dann aus der Flüssigkeit nehmen und abtropfen lassen. Zum späteren Verzieren kühl stellen. Die restlichen Äpfel schälen, entkernen und in Stücke schneiden. In den Sud geben und weich kochen. Zitronenschale entfernen und die weichen Äpfel mitsamt dem Sekt-Sud pürieren. Abkühlen lassen.
2 Eiweiße	zu Schnee schlagen und unter das kalte Apfel-Sekt-Püree ziehen. In eine Schüssel füllen und 2 bis 3 Stunden im Gefrierschrank gefrieren lassen. Bevor die Masse ganz hart ist, mit einem Schneebesen schaumig aufschlagen, in Dessertgläser füllen und in den Gefrierschrank stellen. Vor dem Servieren etwa 15 bis 20 Minuten antauen lassen und mit den zurückgelegten Apfelspalten dekorieren.

Zum Servieren kann man noch etwas vom gleichen Sekt oder Champagner über das Sorbet geben.

Ente richtet sich zum Mittagsschläfchen.

Crème brulée

Von Familie Mast – Europäischer Hof in Königsbach-Stein

500 ml Sahne, 170 ml Milch	sowie
70 g Zucker	
170 g Eigelb (von ca. 9 Eiern)	
1 Pck. Bourbon Vanillezucker	in eine Schüssel geben und so lange kräftig rühren, bis sich der Zucker aufgelöst hat. Die Creme in 4 feuerfeste Förmchen verteilen. Die Fettpfanne des Backofens zu etwa 2 cm mit warmem Wasser füllen, die Förmchen hineinsetzen und die Creme bei maximal 90 °C (Umluft) etwa 70 Minuten garen.

Sollte die Creme nach Ablauf der Zeit noch etwas flüssig sein, so lange im Backofen lassen, bis sie fest ist. Ich empfehle, eine leichte Druckprobe mit dem Zeigefinger zu machen. Fühlt sich die Creme »puddingartig« an, ist sie fertig. Bestreuen Sie die Creme kurz vor dem Servieren mit braunem Zucker und gratinieren Sie diese dann mit einem Gasbrenner.

Blumenmenschen im Schlosspark Bad Rappenau

Kuriosität im Balkonkasten

Apfel-Mandel-Traum

800 g süße Äpfel	waschen, mit Schale und Kernhaus in kleine Spalten schneiden und mit
2 EL Wasser	weich dämpfen. Durch ein Sieb passieren oder durch die »Flotte Lotte« drehen und kühl stellen.
20 g Butter	und
2 EL Puderzucker	erhitzen, darin
100 g Mandelblättchen	karamellisieren. Eine Auflaufform mit
Löffelbiskuits	auslegen, diese mit
2 EL Mandellikör	beträufeln. Das vorbereitete Apfelmus darauf streichen und die Mandelblättchen darüber verteilen.

Für eine Auflaufform von etwa 35 x 20 cm benötigt man 100 g Löffelbiskuits.

Variante I mit Eimasse

3 Eigelbe, 2 gestr. EL Zucker	mit
1 EL Mandellikör	schaumig rühren.
3 Eiweiße, 1 Prise Salz	halbsteif schlagen.
1 gestr. EL Zucker	zugeben und zu einer steifen Masse rühren. Mit
250 g Frischkäse oder Mascarpone	unter die Eigelbmasse mischen. Die Creme auf die Mandeln streichen und kalt stellen. Kurz vor dem Servieren dick mit
Schokoladenraspel	bestreuen.

Variante II mit Sahne

400 ml Sahne	steif schlagen.
2 EL Zucker	sowie
2 EL Mandellikör	
250 g Frischkäse	zufügen und gut verrühren. Die Sahne auf die Mandeln streichen und kalt stellen.

Apfelblüten

In einem kleinen Apfel

In einem kleinen Apfel
da sieht es niedlich aus,
es sind darin fünf Stübchen
grad wie in einem Haus.
In jedem Stübchen wohnen
zwei Kerne schwarz und klein
sie liegen da und träumen
vom lieben Sonnenschein.
Sie träumen auch noch weiter
gar einen schönen Traum,
wie sie einst werden hängen
am lieben Weihnachtsbaum.

(Volksgut/Kinderlied)

Blühende Apfelbäume

Rotbackige Äpfel

Kirschwasser-Parfait

Von Familie Mast – Europäischer Hof in Königsbach-Stein

250 g Sauerkirschen (entsteint)	mit
100 g Puderzucker	unter Rühren erhitzen, jedoch nicht kochen.
40 ml Kirschwasser	zugeben und abkühlen lassen, beiseite stellen.
175 g Eigelb (von ca. 9 Eiern)	mit
90 g Zucker	schaumig rühren, bis der Zucker aufgelöst ist.
300 ml Kirschsaft	in einem Topf zum Kochen bringen, die Eigelbmasse zugeben und so lange erhitzen und dabei rühren, bis die Masse anfängt zu binden. Dann sofort in eine Rührschüssel geben und im kalten Wasserbad oder auf Eiswürfeln kalt rühren.
250 ml Sahne	steif schlagen und unter die abgekühlte Kirschcreme heben. Die Hälfte der Masse in eine große oder mehrere kleine Formen verteilen, so dass der Boden der Form(en) bedeckt ist. In den Gefrierschrank stellen, bis die Creme etwas angefroren ist. Aus dem Gefrierfach nehmen und die Sauerkirschen darauf verteilen – für die Garnierung einige beiseite legen. Die restliche Creme darüber gießen und etwa 12 Stunden (über Nacht) im Gefrierschrank durchfrieren lassen.

Garnieren Sie das Parfait vor dem Servieren mit Sahnetupfen und Sauerkirschen.

Dekoration vor dem Europäischen Hof in Königsbach-Stein

Tutti Frutti

Eine besondere Note bekommt das Dessert, wenn man den Fruchtsaft durch Weißwein ersetzt.

	Einen Teil von
200 g Löffelbiskuits oder Biskuitreste	grob zerkleinern und eine Schale damit auslegen. Die Biskuits mit etwas
Fruchtsaft (insgesamt ca. 250 ml)	beträufeln. Eine Lage eingedünstete oder frische
Früchte (insgesamt ca. 500 g)	darauf verteilen. Zerkleinerte Biskuits darüber decken und mit Fruchtsaft tränken. Die Schale so im Wechsel füllen.
500 ml Milch	mit
1 Pck. Vanillepuddingpulver	kochen, noch dickflüssig über die letzte Lage Biskuits gießen. Etwa 30 Minuten kalt stellen, bis der Pudding fest ist. Vor dem Anrichten mit Früchten garnieren.

Für Tutti Frutti kann man alle Sorten von eingedünstetem Obst verwenden. Als frische Früchte eignen sich besonders Himbeeren und Erdbeeren.

Rathaus in Königsbach-Stein

Einen traditionellen Rumtopf ansetzen

Rumtopf schmeckt als Beilage zu Eis-Desserts, Cremes oder Pudding und natürlich auch als Aperitif oder mit Sekt aufgefüllt als Longdrink. Vor dem Ansetzen des Früchtetopfes sollte man überlegen, wie viel Rumtopf man ansetzen will und dazu einen entsprechend großen, möglichst hohen und geradwandigen Steinguttopf auswählen. In der Regel setzt man den Früchtetopf im Juni an, sobald die Erdbeeren reif sind. Man beginnt mit »der Königin der Beeren« und so wie das Obst nach der Jahreszeit reift, wird der Topf weiter befüllt. Damit die Konservierung gelingt, dürfen nur saubere und reife Früchte verwendet werden. Diese nach dem Waschen gut abtropfen lassen, damit der Rumtopf nicht verwässert. Einige Obstsorten, wie Rhabarber, Äpfel und Preiselbeeren, schmecken nicht im Rumtopf. Auch sollte man beachten, dass Blaubeeren und Brombeeren die anderen Früchte dunkel färben.

Auf 500 Gramm Beeren rechnet man 500 Gramm Zucker und 0,7 Liter Rum mit 50 bis 54 Prozent Alkoholgehalt. Nach dem ersten Ansatz reichen jedoch – pro 500 Gramm Früchte – schon 250 Gramm Zucker und nur soviel Rum, dass alles gut bedeckt ist.

Nach den Erdbeeren reifen im Juni die Kirschen, im Juli Stachelbeeren, Pfirsiche, Aprikosen, Johannisbeeren und Himbeeren. Im August folgen die Renekloden, Aprikosen, Pfirsiche und Mirabellen. Im September sind Pflaumen/Zwetschgen, Birnen und Trauben reif und wer seinen Rumtopf exotisch mag, kann im Oktober noch Ananas, Kiwis und/oder Orangen zugeben. Nachdem die letzten Früchte eingefüllt und etwa zwei Zentimeter hoch mit Rum bedeckt sind, wird der Topf noch vier Wochen zugedeckt an einen kühlen Ort gestellt. Einmal in der Woche sollte man nachsehen, ob noch alle Früchte mit Rum bedeckt sind und bei Bedarf Rum nachfüllen, dabei umrühren, damit sich der Zucker auflöst.

Der Marktbrunnen in Bretten

Beschwipste Früchtchen (Rumtopf)

Für 2½ kg Früchte und etwa 2 l Rum

Nach vier Wochen kann der Rumtopf serviert werden.

Im Mai/Juni

500 g Erdbeeren	mit
500 g Zucker	vermischen und 1 Stunde durchziehen lassen. Danach in einen Steintopf füllen.
700 ml Rum	darüber gießen. Einen Teller auflegen, damit die Früchte nicht schwimmen, den Topf zudecken und kühl stellen.

Im Juli

250 g Himbeeren	gut verlesen, jedoch nicht waschen.
250 g Stachelbeeren	Stiel und Blüte entfernen, rundherum mit einer Nadel einstechen.
250 g Sauerkirschen	entstielen, jedoch nicht entkernen. Alle Früchte mit
375 g Zucker	vermischen und nach 1 Stunde in den Topf füllen. Mit so viel
Rum	übergießen, bis alles gut bedeckt ist. Wieder Teller auflegen und zugedeckt kühl stellen.

Im August

250 g Aprikosen, 250 g Pfirsiche	blanchieren, enthäuten und in Stücke schneiden.
250 g Mirabellen	entsteinen, halbieren und alle Früchte mit
375 g Zucker	vermischen, in den Steintopf geben.
Rum	aufgießen, den Teller auflegen, verschließen und kühl stellen.

Im September

250 g Zwetschgen	entkernen, halbieren und mit
250 g Weintrauben	sowie
250 g Zucker	vermischen und durchziehen lassen, dem Früchtetopf zufügen. Wieder
Rum	auffüllen, bis die Früchte bedeckt sind und zugedeckt kühl stellen. Ab und zu umrühren.

Das Gerberhaus in Bretten

Mohn-Grieß-Knödel in Rotweinsoße

Von Familie Mast – Europäischer Hof in Königsbach-Stein

250 ml Milch, 60 g Butter	sowie
20 g Zucker	
je 1 Msp. Vanillezucker, Zimt	in einen Topf geben und zum Kochen bringen. Sobald die Butter aufgelöst ist
60 g Hartweizengrieß	und
30 g Backmohn	zugeben und unter Rühren kräftig kochen lassen. Dann
1 Ei	zugeben und unter ständigem Rühren so lange köcheln, bis sich der Teig vom Rand löst. Die Masse in ein Gefäß füllen und mit Klarsichtfolie abdecken. Die Folie muss direkt auf der Creme aufliegen, damit kein Kondenswasser entstehen kann. Im Kühlschrank gut durchkühlen lassen. Anschließend 8 bis 10 Knödel formen.

Rotweinfond

750 ml Rotwein	in einen Kochtopf geben, je nach Geschmack
1 TL Zucker, 1 Sternanis	sowie
1 Zimtstange, 2 Nelken	
1 Msp. vom Mark einer Vanilleschote	zugeben und aufkochen. Die Knödel etwa 10 Minuten darin garen.

Richten Sie die Knödel auf Tellern an und übergießen Sie diese mit dem abgeseihten Rotweinfond. Mit Puderzucker bestäuben und mit Minze garnieren.

Bepflanzte Schuhe

Rotkäppchen-Müsli

200 g Walnüsse	grob zerkleinern und als erste Lage in eine große Glasschüssel füllen.
1 Banane	in Ringe schneiden. Nach Bedarf
Pfirsiche (aus der Dose)	sowie
Ananas (aus der Dose)	in Würfel schneiden und das Obst auf den Nüssen verteilen. Mit 250 ml Pfirsich- und Ananassaft (aus der Dose) übergießen.
3 EL grobe Haferflocken	darüber streuen.
250 ml Sahne, 1 Pck. Vanillezucker	steif schlagen und mit
100 g Magerquark	verrühren. Auf das Obst streichen. Mit
500 g Rote Grütze	bedecken. Bis zum Servieren kühl stellen.

Schokoladensoße

1 EL Speisestärke	mit
1 EL Kakao, 2 EL Zucker	sowie
6 EL Milch	glatt rühren.
500 ml Milch	zum Kochen bringen, von der Kochstelle nehmen.
60 g Zartbitter-Schokolade	in kleine Stückchen schneiden, zusammen mit der angerührten Masse in die Milch geben und unter ständigem Rühren aufkochen lassen, bis die Schokolade zerlaufen und die Soße sämig ist. Abkühlen lassen und dabei öfter umrühren, damit sich keine Haut bildet.

Schokoladensoße schmeckt köstlich zu Vanillepudding oder Vanilleeis.

Brandknabenkraut zählt zur Familie der Orchideen.

Vanillesoße mit Schneeballen

Schneebälle	
2 Eiweiße, 1 Prise Salz	zu Schnee schlagen.
500 ml Milch	zum Kochen bringen. Von der Herdstelle nehmen, den Schnee mit einem Esslöffel abstechen und in die Milch geben. Einmal aufkochen lassen. Die Schneebälle mit einem Schaumlöffel aus der Milch nehmen und in eine Schüssel geben. Die Milch für die Vanillesoße verwenden.

Vanillesoße	
1 EL Speisestärke	mit
1 EL Zucker, 2 Eigelbe	
4 EL Milch	sowie dem Mark von
1 Vanilleschote	glatt rühren. Die Milch (von den Schneeballen) zum Kochen bringen, die angerührte Flüssigkeit zugeben und unter Rühren aufkochen lassen. Mit dem Schneebesen rühren, bis die Soße sämig ist. Die Soße über die Schneeballen gießen und warm servieren.

Ohne Zugabe der Schneeballen kann die Soße auch kalt serviert werden. Sie schmeckt sehr gut zu Roter Grütze oder Schokoladenpudding.

Schloss in Kürnbach

Fasanen auf einer Wiese beim Aalkistensee

Schneegestöber-Himbeertraum

200 ml Sahne, 1 Pck. Sahnesteif	steif schlagen.
1 TL Puderzucker	einrühren.
250 g Quark (20 % Fett i.Tr.)	untermischen. Die Hälfte von
125 g Meringen (Baiser)	in grobe Stücke brechen und den Boden einer flachen Glasschüssel damit auslegen. Von
250 g TK-Himbeeren	etwa zwei Drittel darüber verteilen und mit dem Quark bedecken. Die restlichen Himbeeren auf dem Quark verteilen und mit dem Rest Baiser abdecken. Nach etwa 2 Stunden kann das Dessert serviert werden.

Der »Kannenbesen« in Unteröwisheim

Tipps zur Saftgewinnung und Zubereitung von Gelees

Gelee stellt man aus dem klaren Saft von Früchten her. Zur Saftherstellung sollte das Obst so frisch wie möglich verarbeitet werden, auf keinen Fall dürfen faulige Früchte dabei sein. Beim Kochen muss auf peinlichste Sauberkeit geachtet werden. Alle Einmachgeräte müssen vor jedem Gebrauch gründlich mit heißem Wasser gespült werden und dürfen vor allem nicht mit Fett in Berührung kommen. Auch die Gläser und Deckel sollten zusätzlich noch mit kochendem Wasser ausgespült werden und umgestülpt auf einem sauberen Küchentuch abtropfen, denn schon das kleinste Krümelchen kann zum Gären führen.

Saftgewinnung

Den Fruchtsaft gewinnt man in einem Entsafter zum Beispiel durch Dämpfen im Dampfentsafter. Alle Beeren oder Früchte (mit oder ohne Stiele, Kerne beziehungsweise Steine) wie Johannisbeeren, Stachelbeeren, Süß- oder Sauerkirschen, ungeschälte Rhabarberstücke, zerkleinertes Kernobst, auch entsteinte Aprikosen oder Pfirsiche lassen sich auf diese Weise ohne Zugabe von Wasser und Zucker entsaften. Weiche Beeren, wie Himbeeren, Erdbeeren oder Brombeeren benötigen etwa eine halbe Stunde, härtere Früchte bis zwei Stunden, bis der ganze Saft abgelaufen ist. Harte Früchte wie Quitten kann man auch im Schnellkochtopf weich kochen. Die gewaschenen und in grobe Stücke geteilten Quitten werden mitsamt dem Kerngehäuse unter Zugabe von etwa einem Liter Wasser in etwa 25 Minuten weich gekocht. Es empfiehlt sich, den Saft über einem feinen Haarsieb (oder einem sauberen Tuch) ablaufen zu lassen, damit keine Rückstände mit abfließen und der Saft klar bleibt. Der heiße Saft wird in vorbereitete (sauber gespülte und trockene) Flaschen abgefüllt. Die Flaschen sollten entweder im warmen Backofen oder äußerlich in heißem Wasser vorgewärmt sein, damit sie nicht zerspringen. Zum Abfüllen ist zu empfehlen, die Flaschen auf ein dickes Tuch zu stellen und sofort mit Korken oder Gummihütchen zu verschließen. Empfehlenswert sind Twist Off-Flaschen.

Pektin in Früchten

Früchte, vor allem nicht voll ausgereifte Kernobstsorten, enthalten in den Schalen und vor allem im Kernhaus Pektinstoffe, die nach genügender Kochzeit und vollständigem Erkalten das Gelieren bewirken. Pektin bildet die Basis des Geliervorgangs und ist als natürlicher Bestandteil in fast allen Früchten enthalten. Je unreifer die Früchte sind, desto mehr Pektin enthalten sie und umso fester wird die Konsistenz des Gelees oder der Marmelade. Mit zunehmender Reife der Früchte baut sich das Pektin immer

Büschlehof bei Oberderdingen

mehr ab, und die Festigkeit – auch die der Frucht – verringert sich. Gelee von reifem Obst wird deshalb nicht so steif wie das von unreifen Früchten. Äpfel, Quitten, Pflaumen, Stachelbeeren, Rhabarber und Orangen enthalten viel Pektin, wobei Kirschen, Trauben und weiche Früchte wie Himbeeren, Erdbeeren, Brombeeren weniger Pektin haben. Deshalb ist es empfehlenswert, pektinhaltige Früchte mit weniger pektinhaltigen zu mischen oder Pektin als Zusatz beizufügen. Bei Kirschen ist es beispielsweise ratsam, die gleiche Menge Johannisbeeren beizumischen.

Gelee-Zubereitung

Meist kocht man das Gelee im Verhältnis 1:1, das heißt ein Liter Fruchtsaft auf ein Kilogramm Zucker. Bei besonders pektinhaltigen Früchten kann weniger Zucker genommen werden. Süßer Fruchtsaft kann mit Zitronensaft angereichert werden. Anstatt weißem Zucker wird gerne Gelierzucker genommen, eine Mischung aus Zucker und Pektin. Die Kochzeit bei der Herstellung von Gelees und Marmeladen verkürzt sich dadurch erheblich. Der traditionelle Gelierzucker wird im Verhältnis 1:1 verwendet. Es gibt auch Gelierzucker »extra«, der im Verhältnis 3:1 oder 2:1 verwendet wird. (Die erste Zahl steht für den Fruchtanteil, die zweite für den Zucker). Durch die niedrigere Zuckermenge kann eine längere Haltbarkeit allerdings nicht mehr sichergestellt werden, deshalb enthalten diese Gelierzucker meist Sorbinsäure als Konservierungsmittel.

Vor dem Abfüllen des Gelees unbedingt die Gelierprobe machen: Wenn das Gelee in Tropfen vom Kochlöffel fällt oder einige Tropfen auf einem Porzellanteller erstarren, ist es genügend gekocht. Vor dem Abfüllen die Gläser in etwas lauwarmes Wasser stellen und diese bis zum Rand mit Gelee füllen. Durch das Wasserbad wird die Hitze des Gelees abgeleitet und die Gläser können nicht springen. Die Gläser sofort verschließen und bis zum Erkalten umgedreht auf den Deckel stellen.

Frühlingserwachen

Die Bank in Bahnbrücken lädt zum Verweilen ein.

Apfelgelee aus Kraichtal

2 l Saft von halbreifen Äpfeln	mit
1,6 kg Zucker oder Gelierzucker	vermischen und unter Rühren erwärmen, bis sich der Zucker vollständig gelöst hat. Dann erst zum Kochen bringen. Sobald sich der Schaum verringert, mit einem Schaumlöffel abschäumen.
250 ml Weißwein	und den Saft von
1 Zitrone	zufügen. Den Saft solange unter Rühren köcheln lassen, bis er eingedickt ist. In vorgewärmte kleine Gläser füllen und sofort zuschrauben.

Dieses Rezept enthält Alkohol, da er sich beim Kochen nicht ganz verflüchtigt. Die genaue Kochzeit lässt sich vorher nicht genau festlegen, da diese auch von der Reife der Äpfel und der Sorte abhängig ist. Weitere Hinweise und Tipps finden Sie auf Seite 145.

Johannisbeergelee

Schwarze und rote Johannisbeeren ergeben ein hocharomatisches Gelee, das rasch geliert und das bevorzugt für die Linzertorte (Rezept S. 88) verwendet wird.

1½ l Johannisbeersaft	mit
1¼ kg Zucker	unter Rühren langsam erhitzen, bis sich der Zucker aufgelöst hat, dann unter ständigem Rühren sprudelnd kochen. Nach etwa 10 Minuten die Gelierprobe machen.

Bei Verwendung von Gelierzucker verringert sich die Kochzeit.

Blutapfel als Gelee und Marmelade

Quittengelee

1 l Quittensaft	mit
1 kg Gelierzucker	verrühren und mindestens 4 Minuten unter ständigem Rühren sprudelnd kochen lassen. Kurz bevor die Festigkeit erreicht ist,
4 cl Campari	einrühren. Vor dem Abfüllen unbedingt die Gelierprobe machen.

Zur Saftgewinnung kann man die Quitten auch im Schnellkochtopf weich kochen. Nach dem Waschen teilt man die Früchte in grobe Stücke und kocht sie mitsamt dem Kerngehäuse unter Zugebe von 1 l Wasser in etwa 25 Minuten weich. Weitere Tipps finden Sie auf Seite 145.

Weingelee aus Bönnigheim-Hofen

1 l Rotwein (Lemberger oder Trollinger)	mit
1 kg Gelierzucker (1:1)	nach Vorschrift kochen, nach der Gelierprobe heiß in vorgewärmte, saubere Gläser füllen und sofort verschließen.

Enthält Alkohol, da dieser sich beim Kochen nicht ganz verflüchtigt.

Tipps zur Herstellung von Marmelade

Marmelade nennt man in unserer Mundart »Gsälz«. Sie ist mit Zucker dick eingekochtes Fruchtfleisch von verschiedenen Obstsorten. Zur Herstellung von Marmelade eignen sich vollreife, tadellose Früchte, am besten natürlich frisch gepflücktes Obst.

Vorbereitung der Früchte

Auch hier ist wie beim Zubereiten von Gelee auf absolute Sauberkeit zu achten. Alle Einmachgeräte müssen vor jedem Gebrauch gründlich mit heißem Wasser gespült werden und dürfen vor allem nicht mit Fett in Berührung kommen.

Die Früchte müssen sauber gewaschen, abgetropft und alle schlechten Stellen, Stiele, Kerne oder Steine entfernt werden. Harte Obstsorten, wie Äpfel, Quitten, Aprikosen, Pfirsiche und Stachelbeeren werden vor dem Kochen zerkleinert. Je nach Beschaffenheit der Früchte kann man sie auch durch den Fleischwolf drehen. Bei kleinen und weichen Früchten ist das nicht notwendig, doch Beerensorten wie Johannis-, Him- oder Brombeeren kann man nach dem Vorbereiten noch durch ein feines Sieb oder die »Flotte Lotte« drücken, damit die Kerne zurückbleiben. Die Früchte werden unter ständigem Rühren mit Zucker so lange gekocht, bis die Masse weich oder breiig ist. Bei Früchten mit wenig Pektin- und viel Wassergehalt, wie zum Beispiel Erdbeeren, Himbeeren oder Kirschen ist es ratsam, auf ein Kilogramm Früchte den Saft einer Zitrone zuzufügen, da dieser Saft wegen des Pektingehaltes

Der Köllesturm in Bönnigheim

das Gelieren begünstigt. Anstatt weißem Zucker nimmt man – wie für Gelees – gerne Gelierzucker. Damit verringert sich die Kochzeit auf bis zu vier Minuten – anstatt mindestens zehn Minuten bei Zugabe von weißem Zucker. Man sollte nicht mehr als je ein Kilogramm Obst und Zucker in großen, weiten Töpfen kochen. Der Schaum steigt nicht so schnell in die Höhe und lässt sich auch leichter abheben. Während des Kochens muss ständig gerührt werden. Die Marmelade ist fertig, wenn sie in breiten Flocken vom Löffel fällt oder beim Rühren eine so genannte »Straße« nach sich zieht. Sofort in Gläser füllen – dazu eignen sich am besten Gläser mit Schraubverschluss. Diese gut reinigen, am besten in kochendem Wasser sterilisieren und auf einem sauberen Küchentuch abtropfen lassen. Die Gläser bis zum Rand mit Marmelade füllen, sofort verschließen und bis zum Erkalten umgedreht auf den Deckel stellen.

Sterilisieren von Marmelade

Marmelade kann man auch durch Sterilisieren haltbar machen. Dazu werden die Kochzeit und die Zuckermenge reduziert. 500 Gramm Fruchtmark wird mit 150 Gramm Zucker kurz aufgekocht und warm in gut gereinigte, gleich große Schraubgläser gefüllt. Einen Einkochtopf mit zwei Liter Wasser füllen, einen Rost einlegen und die Gläser so darauf setzen, dass sie sich und den Topfrand nicht berühren. Die Gläser sollten zu einem Drittel im Wasser stehen. Bei 90 Grad Celsius etwa 25 bis 30 Minuten sterilisieren. Die Gläser auf ein Tuch stellen und mit einem Tuch abdecken, damit sie keine Zugluft abbekommen und langsam auskühlen.

Blick auf den Stromberg-Heuchelberg

Die Waldkapelle bei Mühlhausen

Erdbeermarmelade

1 kg reife Erdbeeren	waschen und entstielen, auf Küchenpapier trocknen lassen und vierteln. In einen großen, weiten Kochtopf geben und mit
1 kg Gelierzucker	vermischen, 30 Minuten ziehen lassen. Unter Rühren etwa 6 Minuten sprudelnd kochen.
1 Holunderblütendolde	waschen, die Blüten abzupfen und diese in die vorbereiteten Marmeladengläser verteilen. Die heiße Marmelade bis zum Rand einfüllen und sofort verschließen.

Erdbeeren werden zur gleichen Zeit wie Rhabarber geerntet: probieren Sie auch Erdbeer-Rhabarbermarmelade. Sie können hierfür die Früchte beliebig oder zu gleichen Teilen mischen.

Der Klosterhof Maulbronn

Himbeer-Klarapfel-Marmelade

Der weiße Klarapfel ist eine alte Tafelobstsorte des Kulturapfels und reift schon Mitte Juli, etwa zur gleichen Zeit wie die Himbeeren. Er ist nur kurz lagerfähig und wird schnell mehlig. Diese Sorte eignet sich auch gut für Apfelmus (Rezept Seite 43).

Von Claudia Fesenbeck aus Flehingen

600 g Kläräpfel	schälen, das Kerngehäuse entfernen und in kleine Würfel schneiden.
500 g Himbeeren	verlesen. Das Obst in einen großen, weiten Topf geben, mit
1 kg Gelierzucker	sowie
2 EL Zitronensaft	vermengen, etwa 20 Minuten zugedeckt stehen lassen. Danach etwa 4 Minuten unter Rühren sprudelnd kochen lassen. Mit
1 – 2 TL Zimt	abschmecken, heiß in die vorbereiteten Gläser füllen und sofort verschließen.

Quittenmarmelade

2 kg ausgereifte Quitten waschen, abreiben, schälen, halbieren und das Kernhaus entfernen. Die Schalen und die Kerngehäuse in ein Säckchen füllen und mit den Quitten in einen Kochtopf geben. Mit so viel Wasser auffüllen, bis alles gut bedeckt ist.

2 EL Zucker zufügen und die Schnitze weich kochen. Den Saft durch ein Sieb abgießen, das Säckchen mit den Schalen entfernen und die Quittenschnitze in feine Scheibchen schneiden. 250 ml vom entstandenen Saft mit

750 g Zucker aufkochen und abschäumen. Die Quittenscheibchen (max. 1 kg) zufügen und unter häufigem Umrühren kochen, bis sie zartrosa aussehen und die Marmelade dicklich ist. Kochend heiß in Gläser füllen und sofort verschließen.

Quitten reif zum Pflücken

Die Quitte – heilige Frucht der Aphrodite und des schönen Adonis

Die Quitte findet man überall in der ganzen Welt. Es gibt sie schon seit mehreren tausend Jahren in verschiedenen Sorten – neben heute noch existierenden Wildformen vom Kaukasus über Persien bis Afghanistan. Als Ursprungsregion gilt der asiatische Raum. Da sie hart sind und durch ihre Gerbstoffe recht bitter schmecken, sind sie nicht für den Rohverzehr geeignet. In der Türkei jedoch gibt es die Shirin-Quitte, die roh gegessen werden kann.

Der Quittenbaum blüht im Mai und Juni und ist ein Selbstbefruchter. Daher ist zur Bestäubung und Befruchtung kein zweiter Baum notwendig. Die Frucht ist gelb, wollig behaart und enthält sehr viele Vitamine. Die Kerne enthalten Schleimstoffe, die entzündungshemmend wirken sollen. Dazu werden sie mehrere Stunden in kal-

Blühender Quittenbaum

tem Wasser eingeweicht und man erhält den so genannten Quittenschleim, der sowohl innerlich als auch äußerlich angewendet werden kann.

Bei den alten Griechen kamen die goldgelben, mit feinem Flaum überzogenen Früchte endlich zu ihrer angemessenen Ehre. Einerseits in göttlicher Verehrung, andererseits als Mittel in der Heil- und Kochkunst. So kannte man im antiken Griechenland die Quitte als heilige Frucht der Aphrodite und Apfel des schönen Adonis und sie fand Einzug in verschiedene Göttersagen und Dichtungen. Sie galt als Symbol für Glück, Liebe und Fruchtbarkeit. Der griechische Arzt Hippokrates empfahl Quittenrezepte gegen Fieber, Durchfall, Verbrennungen, Entzündungen und bei Hautproblemen. Selbst der römische Schriftsteller und Naturwissenschaftler Plinius der Ältere (23 bis 79 n.Chr.), der den Ausbruch des Vesuvs erlebte und überlieferte, beschrieb in seiner Enzyklopädie (Historia naturalis) mehrere Quittenarten und ihre Heilwirkung bei vielen verschiedenen Leiden. Auch in der Bibel findet man Hinweise auf die Quitte: »Ruben fand auf dem Felde ›Liebesäpfel‹ und brachte sie seiner Mutter Lea, der Frau Jakobs, die darauf den fünften Sohn Issachar gebar ...«

Leider fristet die Quitte in der heutigen Zeit selbst bei der Landbevölkerung ein bescheidenes Dasein. Hat jemand einen Quittenbaum im Garten, so wird er aus den herrlich duftenden Früchten meist Saft und dann Gelee machen; vielleicht noch Mus als Brotaufstrich oder Kuchenauflage sowie Quittenbrot. Verbreiteter ist die Quitte »in flüssiger Form« – dem aromatisch duftenden Quittenlikör. Doch kommt die Quitte langsam wieder als neu entdeckte exotische Frucht als Beilage (Kompott) zu Wild oder Ente in erlesenen Restaurants zu Ehren. Hier in unserer Region kennt man nur ganz wenige, vielleicht bis zu fünf Sorten Quitten in Apfel- oder Birnenform, während auf der Welt noch nahezu 200 Sorten vorkommen.

Quittenblüten

Zwetschgenmarmelade von Oma Meta

4 kg Zwetschgen	waschen, abtrocknen, entsteinen und in einen großen, weiten Kochtopf geben.
125 ml Weinessig	sowie
1½ kg Zucker	
3 Sternanis	
2 Stangen Zimt	darüber geben und mindestens 12 Stunden – am besten über Nacht – zugedeckt stehen lassen. Bei schwacher Herdhitze – ohne Deckel und ohne zu rühren – etwa 3 Stunden schwach kochen lassen, bis die Marmelade eingedickt ist. Dann gut durchrühren, in Gläser abfüllen und verschließen.

Johannisbeermus

500 g Johannisbeermark	durch die »Flotte Lotte« drehen, damit die Kerne zurückbleiben. Mit
250 g Zucker	und
2 EL Essig	etwa 15 Minuten unter Rühren dick einkochen. Heiß in vorbereitete Gläser füllen und sofort verschließen.

Eine beliebte Beilage zu Siedfleisch, Wild- oder Sauerbraten.

Elefantenuhr mit Musikspielwerk im Musikautomatenmuseum Schloss Bruchsal

Weihnachtsschnee

Ihr Kinder, sperrt die Näschen auf,
es riecht nach Weihnachtstorten;
Knecht Ruprecht steht am Himmelsherd
und backt die feinsten Sorten.

Ihr Kinder, sperrt die Augen auf,
sonst nehmt den Operngucker;
die große Himmelsbüchse, seht,
tut Ruprecht ganz voll Zucker.

Er streut – die Kuchen sind schon voll –
er streut – na, das wird munter:
er schüttelt die Büchse und streut und streut
den ganzen Zucker runter.

Ihr Kinder, sperrt die Mäulchen auf,
schnell! Zucker schneit es heute!
Fangt auf, holt Schüsseln! – Ihr glaubt es nicht?
Ihr seid ungläubige Leute!

(Paula Dehmel, 1862 bis 1918)

Walfriede beim Backen

Schneeverhangene Beeren

Zimtsterne

4 Eiweiße	fast steif schlagen, nach und nach
250 g Puderzucker	zugeben und einige Minuten zu einer zähen Masse rühren. Davon 6 gehäufte Esslöffel für den Guss beiseite stellen. In den verbliebenen Teil
250 g Mandeln (gemahlen)	und
2 TL Zimt	unterrühren. Den Mandelteig auf
Mandeln (gemahlen)	gleichmäßig etwa 5 mm dick ausrollen. Sterne ausstechen und auf ein mit Backpapier ausgelegtes Backblech setzen. Von der Eiweißmasse 1 TL in die Mitte der Sterne setzen und mit Hilfe eines spitzen Messers bis in die Spitzen der Sterne ziehen. Bei 130 °C (Umluft) etwa 40 Minuten backen, bis die Unterseiten der Sterne trocken sind.

Sollte der Teig beim Ausrollen zu sehr kleben, können Sie weitere gemahlene Mandeln unterkneten.

Weihnachtsmarkt im Klosterhof Maulbronn

Zimtstern

Spritzgebäck

Spritzgebäck wird durch eine Spritzdüse gepresst, so dass das Gebäck, je nach Einsatz, einen sternförmigen oder flachen, geriffelten Querschnitt erhält.

2 Eigelbe, 1 Ei	mit
250 g weiche Butter	
180 g Zucker	schaumig rühren, nach und nach
375 g Mehl	sowie
125 g Mandeln (fein gemahlen)	unterrühren. Den Teig etwa 30 Minuten ruhen lassen, dann verschiede Formen auf ein mit Backpapier ausgelegtes Blech spritzen. Den Backofen auf 175 °C (Umluft) vorheizen und etwa 10 bis 15 Minuten hell backen.
100 g Schokoladenkuvertüre	im Wasserbad erhitzen. Die Plätzchen damit verzieren oder mit einem Ende in die Schokolade eintauchen.

Man kann einen Spritzbeutel, eine Plätzchenspritze oder einen Fleischwolf mit einem speziellen Vorsatz verwenden. Durch das Durchdrücken durch die Düse wird der Teig gelockert und erhält eine feingliedrige Oberflächenstruktur. Typische Formen sind Buchstabenformen, wie S, C, I, O, U.

Die schönen Seiten am Winter – Eislaufen ...

... oder Schneemann bauen

Butter-S

Butter-S wird wie das Spritzgebäck durch eine Spritzdüse gedrückt, so dass das Gebäck einen sternförmigen oder flachen, geriffelten Querschnitt erhält.

250 g weiche Butter	mit
200 g Zucker	
5 Eigelbe	schaumig rühren, nach und nach
500 g Mehl	unterkneten. Den Teig etwa 30 Minuten kühl stellen. Auf ein mit Backpapier ausgelegtes Blech »S« aufspritzen. Den Backofen auf 175 °C (Umluft) vorheizen und die Butter-S etwa 10 bis 15 Minuten hell backen.
100 g Schokoladenkuvertüre (dunkel)	im Wasserbad erhitzen und eine Seite der Butter-S darin eintauchen.

Der Glühwein wird ausgeschenkt bei der Glühweinwanderung in Kürnbach.

Baumgesicht im Kürnbacher Wald

Christstollen (Weihnachtsstollen)

Der Christstollen soll an das eingewickelte Christkind erinnern und wird immer zur Weihnachtszeit gebacken. Das ursprüngliche »Christbrot« aus dem 14. Jahrhundert war ein Fastengebäck der Klöster aus Mehl, Hefe und Wasser.

1 Würfel Hefe (42 g)	mit
1 TL Zucker	in
50 ml Milch (lauwarm)	auflösen, zugedeckt stehen lassen, bis sich die Hefe verdoppelt hat.
200 g Butter	zerlassen, mit
2 Eigelbe	
150 g Zucker, 1 TL Salz	cremig rühren, nach und nach
1 kg Mehl	sowie die aufgegangene Hefe und
450 ml Milch (lauwarm)	zugeben. Nun so lange kneten, bis sich der Teig glatt von der Schüssel bzw. von den Händen löst.
Je 125 g Sultaninen, Rosinen	in
2 EL Rum	einweichen. Die Schale von
1 Zitrone	abreiben und alles zusammen mit
125 g Mandelstifte (geschält)	
50 g Walnusskerne (grob gehackt)	
je 50 g Zitronat, Orangeat (gewürfelt)	
3 Tropfen Bittermandelöl	sowie
je 1 Msp. Zimt, Muskat	zum Teig geben und verkneten. Den Teig zugedeckt mindestens 2 Stunden in der Wärme ruhen lassen, bis er doppelt so hoch ist. Den Teig halbieren und zu zwei länglichen Laiben formen. Jeweils mit dem Wellholz in der Mitte eine tiefe Rille eindrücken. Die eine Hälfte so über die andere schlagen, dass der untere Teig etwa ein Drittel übersteht. Die beiden Stollen auf ein mit Backpapier ausgelegtes Blech legen und nochmals 30 Minuten ruhen lassen.
50 g Butter	zerlassen, die Stollen bestreichen und im vorgeheizten Backofen bei 170 °C (Umluft) etwa 50 bis 60 Minuten backen. Noch heiß mit der restlichen Butter bestreichen und dick mit
Puderzucker	bestreuen.

Quarkstollen

500 g Mehl, 1 Pck. Backpulver	in einer Schüssel mischen.
200 g Zucker	sowie
1 Pck. Vanillezucker	
je 1 Prise Salz, Kardamom, Muskat	
2 Eier	und die abgeriebene Schale von
1 Zitrone	zugeben und mit dem elektrischen Rührgerät, mit einem Teil des Mehls verkneten. Dann das restliche Mehl unterkneten.
125 g weiche Butter	sowie
250 g Magerquark	unterkneten.
150 g Sultaninen	mit
100 g Zitronat, 50 g Orangeat	
100 g Mandeln (gehackt)	in
3 EL Rum	einweichen und alles zum Teig geben, vorsichtig mit den Händen unterkneten. Den Teig zu einem etwa 25 x 30 cm großen Rechteck ausrollen, der Länge nach so übereinanderschlagen, dass ein etwa 5 cm breiter Rand bleibt. Auf einem mit Backpapier ausgelegten Blech 50 bis 60 Minuten bei 175 °C (Umluft) backen.
30 g Butter	erhitzen und den noch heißen Stollen damit bestreichen. Dick mit
Puderzucker	bestäuben.

Nimmt man die doppelte Menge der Zutaten und formt daraus drei Stollen, hat man immer ein schönes Geschenk parat. Dieser Stollen kann schon am nächsten Tag verzehrt werden. Er hält sich kühl gelagert und in Alufolie verpackt problemlos vier Wochen frisch.

Schneebedeckter Rastplatz in Diefenbach

Hildabrötchen

Im Handel gibt es spezielle »Ausstecherle« für Hildabrötchen mit vorgeformtem Loch.

150 g Butter	mit
1 Ei (klein)	
125 g Zucker, 1 Pck. Vanillezucker	zu einer cremigen Masse rühren.
300 g Mehl	zugeben und zu einem festen Teig verarbeiten. Mindestens 2 Stunden kühl stellen. Den Teig gleichmäßig etwa 2 bis 3 mm dick ausrollen, mit einem runden Förmchen Brötchen ausstechen. Für die Deckel mit einem Fingerhut in der Mitte ein Loch ausstechen. Bei 175 °C (Umluft) auf einem mit Backpapier ausgelegten Blech etwa 15 Minuten hellgelb backen. Sofort nach dem Backen die Oberteile mit
Puderzucker	bestreuen oder mit
Zartbitter-Kuvertüre	bestreichen.
100 g Johannisbeergelee (Rezept S. 146) oder Quittengelee (Rezept S. 147)	verrühren und jeweils ½ Teelöffel auf die Mitte der noch heißen Unterteile der Brötchen aufsetzen. Sofort das Oberteil auflegen und damit das Gelee verteilen.

Sie können die Oberfläche der Hildabrötchen auch mit einer Zuckerglasur bestreichen. Dazu werden 125 g Puderzucker mit 2 EL Wasser und 1 TL Zitronensaft zu einer glatten Masse verrührt.

Linzeraugen

Linzeraugen sind die etwas feinere Variante der Hildabrötchen.

250 g weiche Butter	mit
3 EL Zucker, 1 Pck. Vanillezucker	sowie
3 Eigelbe	schaumig rühren.
280 g Mehl	zugeben und zu einem festen Teig vermengen. Den Teig mindestens 2 Stunden kalt stellen. Den Teig gleichmäßig etwa 3 mm dick ausrollen, mit einer runden Form die Unterteile und die gleiche Anzahl für die Deckel ausstechen. In der Mitte der Oberteile mit Hilfe eines Fingerhutes oder Apfelausstechers jeweils ein Loch ausstechen. Auf einem mit Backpapier ausgelegten Blech bei 175 °C (Umluft) etwa 15 Minuten hellgelb backen. Sofort nach dem Backen die Oberteile mit
Zartbitter-Kuvertüre	bestreichen.
100 g Aprikosen- oder Quittengelee (Rezept S. 147)	verrühren und jeweils ½ Teelöffel auf die Mitte der noch heißen Unterteile der Brötchen aufsetzen. Sofort das Oberteil auflegen und damit das Gelee verteilen.

Winterliche Landschaft in Ruit

Hutzelbrot (Früchtebrot)

Von Oma Hilde aus Bauschlott

Im Schwäbischen sind Hutzeln eine Sorte Birnen, die frisch etwas hart und herb im Geschmack sind, sich allerdings gut in Schnitzen dörren lassen. In der Weihnachtszeit hat man früher die getrockneten Birnenschnitze im Früchtebrot verarbeitet und so entstand das Wort Hutzelbrot. Die aufgeführten Mengenangaben ergeben etwa acht Brote.

1 Würfel Hefe (42 g)	mit
½ TL Zucker	und
50 ml Wasser (warm)	zu einem Vorteig anrühren und 30 Minuten gehen lassen. Danach zusammen mit
1 kg Brotmehl (z. B. Type 1050)	und
1 TL Salz	
600 ml Apfelsaft (lauwarm)	zu einem festen Teig verkneten. Ungefähr 1½ Stunden gehen lassen, bis er sich verdoppelt hat.
Je 200 g getrocknete Früchte: Apfelringe, Birnenschnitze, Pflaumen, Feigen, Aprikosen, Rosinen	waschen, abtropfen lassen, in kleine Stücke schneiden, mit

Die Sternsinger am 6. Januar

6 EL Kirsch- oder Zwetschgenschnaps	übergießen.
100 g ganze Haselnüsse	sowie
150 g ganze Walnüsse oder Mandeln	
je 1 TL Zimt, Anis	
1 Msp. Nelken (gemahlen)	in den Brotteig kneten. Den Teig weitere 30 Minuten gehen lassen. 8 gleich große Brote formen, mit etwas Abstand auf ein mit Backpapier ausgelegtes Blech setzen und nochmals 15 Minuten ruhen lassen. Den Backofen auf 200 °C (Ober- und Unterhitze) vorheizen, die Brote ungefähr 30 bis 40 Minuten backen.
3 EL Staubzucker	mit
100 ml Rum (40 Vol.-%)	verrühren und die noch heißen Brote damit bestreichen.

Selbst getrocknete Früchte müssen vor dem Verarbeiten über Nacht eingeweicht werden. Für den Brotteig nimmt man dann anstatt Apfelsaft das Einweichwasser, außerdem kann man die Brote nach dem Backen damit einpinseln. Nach dem Erkalten in Alufolie wickeln und in Blechdosen aufbewahren, so hält sich das Brot mehrere Wochen. Hutzelbrot schmeckt besonders gut, wenn es in dünne Scheiben geschnitten wird. Dünn mit Butter bestrichen ist es auch zum Frühstück ein besonderer Genuss.

Ein Rudel Rehe bei Gondelsheim

Hutzelbrot

Weihnachtsgebäck – eine uralte Tradition und seine Bedeutung

Sinn und Ursprung

Der Ursprung des Weihnachtsgebäcks liegt wohl in der christlichen Tradition und ist so alt wie das Christentum selbst. Vor allem in Klöstern wurde die Tradition des Weihnachtsgebäcks gepflegt und durch die Verwendung kostbarer Gewürze wie Zimt, Nelken, Kardamom und Vanille weiterentwickelt. Bestimmte Gebäcksorten hatten oft einen bestimmten Tag, an dem sie gegessen wurden.

Lebkuchen sind das älteste Weihnachtsgebäck und sollen an das Brot der Hirten erinnern. Diese sollen das Brot im Backofen vergessen haben, als sie an die Krippe eilten. Als sie wieder nach Hause kamen, soll ihr Brot ganz braun gebacken und trocken geworden sein. Aber es schmeckte sehr lecker und süß. Daher wurde es immer ab dem heiligen Abend gegessen. Spekulatius hat man dagegen schon zum Nikolaustag gegessen, denn seine Motive erinnerten an Szenen aus dem Leben des heiligen Nikolaus, den Bischof (lateinisch: Speculator) aus Mira.

Die süßen Dominosteine, die an die Steinigung des heiligen Stephanus erinnern sollen, kamen auch in den Weihnachtstagen auf den Weihnachtsteller. Da der 28. Dezember der Gedenktag des Kindermordes des Königs Herodes war, wurde ein Teig in

eine längliche Form gewickelt und gebacken – der Christstollen. Nach einer anderen Überlieferung soll der Christstollen an das Jesuskind in Windeln gewickelt, in der Krippe liegend, erinnern. Im Laufe der Jahrhunderte entwickelte sich eine wahre Weihnachtsgebäck-Kultur mit hunderten von feinen Leckereien, die je nach Region bevorzugt gebacken werden.

Die Bedeutung des Weihnachtsgebäcks wurde früher durch das Erzählen der Weihnachtsgeschichten und Legenden beim Essen der »Brötle« weitergegeben und durch die jährliche Tradition an den Festtagen im Gedächtnis behalten. Leider steht heute das Genießen im Vordergrund und die eigentliche Bedeutung ist weitgehend verloren gegangen.

Springerle – eine süddeutsche Spezialität

Springerle (Rezept Seite 176), ein »Bildgebäck«, wird überwiegend im süddeutschen Raum, in der Schweiz und in Österreich gebacken. Da es so fein nach Anis duftet, wird es gelegentlich auch als »Anisbrötle« bezeichnet. Den Namen Springerle hat es vermutlich vom »Aufspringen« des Teiges beim Backen erhalten, da der Teig durch die Hitze auf die doppelte Höhe geht und sich am unteren Rand ein »Füßle« bildet.

Für die Springerle verwendet man handgeschnitzte Holzmodeln, die traditionell Motive aus der Tier- und Blumenwelt zeigen. Der Teig ist recht einfach und besteht nur aus Mehl, Eiern, Puderzucker, etwas Hirschhornsalz als Triebmittel und fein gemahlenen Aniskörnern. Bevor der Teig ausgerollt wird, lässt man ihn ruhen und kalt werden, damit die Motive der auf den Teig aufgedrückten Model schön sichtbar werden. Nachdem die Bilder ausgeschnitten sind, werden sie auf ein mit ganzen Aniskörnern bestreutes Blech gesetzt und bis zu 24 Stunden getrocknet. Das Bild selbst ändert sich beim Backen nicht, der Teig jedoch wächst zusehends bis auf die doppelte Höhe und bekommt dadurch seine Füßchen. Durch die geringe Hitze beim Backen behält der Teig seine typische weiße Farbe.

Damit die Springerle nicht hart werden, sollte man sie kühl und in einer feuchten Umgebung lagern. Bestens bewährt hat sich ein luftdichtes Gefäß mit einem Einlegeboden, unter den man ein feuchtes Küchenpapier legt. Die Zugabe von Apfelscheiben ist wegen der Gefahr des Schimmelns nicht zu empfehlen.

Ein Teller mit Springerle

Ausstecherle (Buttergebäck) nach Oma Meta

375 g Mehl	auf eine Backunterlage geben.
250 g weiche Butter	in kleine Würfel schneiden und auf dem Mehl verteilen.
200 g Zucker, 1 Pck. Vanillezucker	sowie
5 Eigelbe	zugeben, alles mit den Händen zu einem glatten Teig verarbeiten. Den Teig etwa 2 Stunden zugedeckt kalt stellen. Zu einer etwa 3 mm dicken Teigplatte auswellen, mit verschiedenen »Ausstecherle« Motive ausstechen und auf ein mit Backpapier ausgelegtes Blech setzen.
1 Eigelb	mit
2 EL Kondensmilch	verquirlen und jedes Plätzchen damit bestreichen. Mit
Zuckerstreusel	und/oder
Walnüsse, Mandeln, Pistazien, Rosinen	verzieren. Den Backofen auf 175 °C (Umluft) vorheizen und 10 bis 15 Minuten hell backen.

Die Ausstecherle schmecken auch lecker, wenn man sie nach dem Backen mit Schokoladen- oder Zitronenguss bestreicht. Dann müssen sie vor dem Backen nicht mit Ei bestrichen werden.

Bernhardsweiher See im Winter

Freudentränen

175 g Butter	schaumig rühren, nach und nach
100 g Puderzucker	einsieben.
1 Pck. Vanillezucker	sowie
1 Ei	
6 Tropfen Rum-Aroma	
2 Tropfen Bittermandel	
je 1 Msp. Kardamon, Nelken, Zimt	zufügen und gut verrühren.
250 g Mehl, 30 g Kakao	vermischen, sieben und davon nach und nach zwei Drittel in die Buttermasse einrühren. Mit dem Rest des Mehls alles zu einem glatten Teig verkneten. Mindestens 1 Stunde kalt stellen. Den Teig etwa 2 mm dick ausrollen und mit einem Tränenform-Ausstecher ausstechen, auf ein mit Backpapier ausgelegtes Blech setzen. Den Backofen auf 175 °C (Umluft) vorheizen und die Ausstecherle etwa 4 bis 5 Minuten backen.
200 g Nougat	im Wasserbad erwärmen und zu einer streichfähigen Masse verrühren (evtl. abkühlen lassen). Die Hälfte der erkalteten Plätzchen auf der Oberseite damit bestreichen und die übrigen mit der Unterseite darauf legen.
100 g Schokoladenglasur	im Wasserbad erwärmen und die Plätzchen mit dem schmalen Ende in die Schokolade tauchen.

Sollte man keine Tränenform haben, kann man jeden beliebigen Ausstecher verwenden.

Die Freudentränen werden in Schokolade getaucht.

Kokosmakronen

Der Name »Makronen« leitet sich aus dem griechischen Wort »makarios« ab, welches Glückseligkeit bedeutet.

3 Eiweiße, 1 Prise Salz	steif schlagen.
100 g Puderzucker	sowie
50 g Vanillezucker	einsieben, zu einer schnittfesten, glänzenden Masse rühren.
200 g Kokosflocken	vorsichtig unterheben und etwa 15 Minuten kühl stellen. Auf ein mit Backpapier ausgelegtes Blech mit 2 Teelöffeln kleine Häufchen setzen und bei 150 °C (Umluft) etwa 25 Minuten backen. Die Makronen müssen sich vom Papier lösen und die Unterseite trocken sein.

Das Rezept eignet sich auch für Nussmakronen: anstelle der Kokosflocken gibt man 200 g gemahlene Nüsse bei.
Geben Sie 500 g Zucker mit zwei aufgeschnittenen Vanillestangen in einen gut schließbaren Behälter und Sie haben immer Vanillezucker vorrätig.

Schokomakronen

3 Eiweiße, 1 Prise Salz	mit
1 EL Wasser (kalt)	halbsteif schlagen.
250 g Puderzucker	einsieben und einige Minuten zu einer zähen Masse schlagen.
2 EL Kakao	sowie
150 g Schokostreusel (dunkel) oder geraspelte Halbbitter-Schokolade	unterheben. Mit 2 Teelöffeln kleine Häufchen auf ein mit Backpapier ausgelegtes Blech setzen und bei 130 °C (Umluft) etwa 35 bis 40 Minuten backen. Die Makronen müssen sich vom Blech lösen und die Unterseite muss trocken sein.

Blick aus dem Klosterfenster zum Weihnachtsmarkt in Maulbronn

Kleiebrötchen nach Oma Meta

250 g kalte Butter	in Würfel schneiden, mit
500 g Mehl, 125 g Zucker	sowie
6 Eigelbe	zu einem geschmeidigen Teig verkneten. Danach mindestens 1 Stunde kalt stellen.
5 Eiweiße	zu Schnee schlagen.
250 g Puderzucker	einrieseln lassen und mehrere Minuten zu einer zähen Masse rühren.
250 g Mandeln (gemahlen)	sowie
½ TL abgeriebene Zitronenschale	unterheben. Den Mürbeteig etwa 3 mm dick auswellen, mit einer runden Form ausstechen und auf ein mit Backpapier ausgelegtes Backblech setzen. In die Mitte der Plätzchen jeweils 1 Teelöffel der Mandelmasse aufsetzen. Den Backofen auf 175 °C (Umluft) vorheizen und etwa 15 bis 20 Minuten backen.

Schneewanderung um Bretten

Lebkuchen aus Bauerbach

1 kg Mehl, 2 Pck. Backpulver	mit
250 g gemahlene Nüsse	
500 g Zucker	
je 1 EL Zimt, Kakao	sowie
je 1 Msp. Nelken, Natron	in eine Schüssel geben und vermischen.
3 Eier	sowie
500 g Quittengelee (Rezept S. 147) oder Apfelgelee (Rezept S. 146)	
250 ml Most oder Weißwein	
2 EL Schnaps	
je 1 EL Zitronensaft, Speiseöl	zugeben und alles verrühren. 2 Backofenbleche mit Backpapier auslegen und jeweils die Hälfte des Teiges einfüllen und gleichmäßig glatt streichen. Ohne Vorheizen bei 160 °C (Umluft) etwa 40 Minuten backen. Nach Belieben
250 g Schokoladen- oder Zitronenglasur	im Wasserbad erwärmen, die Lebkuchenplatten damit bestreichen und in Rechtecke oder Rauten schneiden.

Weihnachtsmarkt vor dem Stadionschen Schloss in Bönnigheim

Lebkuchen von Oma Hilde

6 Eigelbe	mit
500 g brauner Zucker	verrühren.
500 g Quittengelee (Rezept S. 147)	zugeben.
750 g Mehl, 2 EL Kakao	mit
1 Pck. Backpulver	sowie
1 Pck. Lebkuchengewürz	vermischen, nach und nach in den Teig einrühren.
2 EL Obstschnaps	sowie
200 g Walnüsse (grob gehackt)	zugeben.
6 Eiweiße	zu Schnee schlagen und unterheben. Die Fettpfanne des Backofens mit Backpapier auslegen, den Teig einfüllen und glatt streichen. Bei 160 °C (Umluft) etwa 30 bis 40 Minuten backen.
150 g Schokoladenglasur (dunkel)	im Wasserbad erwärmen, bis die Schokolade flüssig ist, die noch warme Teigplatte damit bestreichen. Den Lebkuchen in kleine Vierecke oder Rauten schneiden.

Vor dem Herausnehmen aus dem Backofen unbedingt die Stäbchenprobe machen. Die noch warmen Schnitten können mit je einer halben Walnuss belegt werden.

Schneebedeckte Zehntscheune des Wasserschlosses Kürnbach

Weiße Lebkuchen

4 Eier	mit
500 g Zucker	schaumig rühren. Mit
60 g Mandeln (geschält, fein gehackt)	
50 g Zitronat (fein gewürfelt)	
20 g Zimt, 5 g Nelken	
½ TL Hirschhornsalz	sowie
500 g Mehl	leicht verarbeiten und etwa 2 Stunden kalt stellen. Danach den Teig auf einer bemehlten Backunterlage etwa ½ cm dick ausrollen. Daraus Lebkuchen von etwa 7 x 5 cm ausrädeln oder schneiden. Mit Zwischenräumen auf ein mit Backpapier ausgelegtes Blech legen und ungefähr 12 Stunden trocknen lassen. Den Backofen auf 160 °C (Umluft) vorheizen und etwa 25 bis 35 Minuten hellbraun backen.

Glasur

1 Eiweiß	mit
1 TL Zitronensaft	halbsteif schlagen.
150 g Puderzucker	einsieben und einige Minuten rühren, bis die Glasur beim Herausnehmen Fäden zieht. Die noch heißen Lebkuchen mit der Glasur bestreichen und auf einem Kuchengitter trocknen lassen.

Weiße Lebkuchen gehören zu den Weihnachtsbäckereien, die gelagert werden müssen, um Geschmack zu entwickeln und weich zu werden. Deshalb die abgekühlten und trockenen Lebkuchen in eine Blechdose setzen, zwei ungeschälte Apfelhälften dazulegen und die Dose dicht verschließen. Oder einen Behälter mit Siebeinsatz verwenden und auf den Boden ein feuchtes Küchentuch legen. Etwa eine Woche kühl lagern, erst dann die Dose wieder öffnen und die Lebkuchen probieren.

Riesige Eiszapfen an einem alten Gebäude in Heidelsheim

Nussecken

150 g Mehl	mit
½ TL Backpulver, 65 g Zucker	
1 Pck. Vanillezucker	
1 Ei, 65 g Butter	zügig zu einem glatten Mürbeteig verarbeiten und etwa 1 Stunde kühl stellen. Den Teig zu einem Rechteck von etwa 30 x 20 cm ausrollen und auf ein mit Backpapier ausgelegtes Blech setzen. Die Teigplatte mit
2 EL Aprikosenmarmelade	bestreichen.
100 g Butter, 100 g Zucker	mit
1 Pck. Vanillezucker	
2 EL Wasser	sowie
200 g Haselnüsse	unter Rühren aufkochen, etwas abkühlen lassen und gleichmäßig auf dem Teig verteilen. Den Backofen auf 175 °C (Umluft) vorheizen und 20 bis 30 Minuten backen. Die Teigplatte noch lauwarm mit Hilfe des Lineals und einem scharfen Messer in 5 x 3 cm große Rechtecke schneiden.
100 ml Schokoladenkuvertüre (dunkel)	im Wasserbad erwärmen, bis sie flüssig ist. Jedes Plätzchen mit den Ecken einer Seite in die Schokolade tauchen. Erst nach dem Erkalten die anderen Ecken eintauchen.

Springerle

4 Eier	schaumig schlagen.
500 g Puderzucker	sowie
1 Pck. Vanillezucker	langsam zugeben und zu einer dicken Masse rühren.
1 Msp. Hirschhornsalz	in
1 EL Rum	auflösen und mit der geriebenen Schale von
1 Zitrone	
1 Prise Salz	sowie
1 Msp. gemahlener Anis	zum Eischaum geben. Nach und nach
500 g Mehl	unterrühren. Zum Schluss den Teig mit bemehlten Händen verkneten und zu einer Kugel formen – dabei soll der Tag nicht an den Händen kleben. Den Teig in einer luftdichten Folie eingepackt mindestens 3 Stunden kühl ruhen lassen. Eine Backunterlage bemehlen, den Teig in drei Teile teilen und jeweils etwa 8 mm dick ausrollen. Dann mit etwas
Stärkemehl	bestäuben. Die Holzmodel aufdrücken und nach dem Ablösen die »Bilder« ausschneiden oder abrädeln. Ein mit Backpapier ausgelegtes Blech mit
Aniskörner	bestreuen und die Springerle darauf setzen. Mindestens 12 Stunden trocknen lassen. Vor dem Backen die Unterseite der Springerle mit Wasser bepinseln. Den Backofen auf 140 °C (Umluft) vorheizen und etwa 20 bis 30 Minuten sehr hell backen.

Ausschlaggebend für das Gelingen sind die richtige Backtemperatur und ein genügend langes Trocknen vor dem Backen.
Tipp zum Aufbewahren: Einen Behälter mit feuchtem Küchenpapier auslegen. Gitter auflegen und darauf die Springerle setzen. Gut verschlossen aufbewahren und die Springerle nach zwei Tagen so umsetzen, dass die oberen unten sind.

Eingang zum Klosterhof Maulbronn

Weihnachtshörnchen

200 g Butter	in Würfel schneiden, mit
200 g Frischkäse	sowie
300 g Mehl	zu einem Mürbeteig verarbeiten und etwa 2 Stunden kalt stellen. Den Teig in 4 Teile teilen. Auf einer Backunterlage
1 EL brauner Zucker	mit
1 EL weißer Zucker	
1 EL Haselnüsse	vermischen und jeweils einen Teil des Teiges zu einer runden Platte 2 bis 3 mm dick ausrollen. Einen Tortenteiler aufdrücken und ggf. die einzelnen Stücke durchrädeln oder schneiden. Jedes der 16 Stücke von der breiten Seite her aufrollen, zu Hörnchen formen und auf ein mit Backpapier ausgelegtes Blech setzen. Den Backofen auf 175 °C (Umluft) vorheizen und 16 bis 18 Minuten hellbraun backen.

Darauf achten, dass die Teigstücke nicht wesentlich größer als der Tortenteiler ausgerollt werden, weil die Reste nach dem wiederholten Verarbeiten sehr süß werden.

Model zum Herstellen von Springerle

Verschneiter Osterbrunnen im Klosterhof Maulbronn

Der Dieb im Backofen – eine Kürnbacher Anekdote

Zur Geschichte

Das 2500 Einwohner zählende Dorf Kürnbach liegt am Rande des Kraichgauer Hügellandes und zu Füßen des Naturparks Stromberg-Heuchelberg. Kürnbach war im Mittelalter über Jahrhunderte im Besitz des ortsansässigen Adels, der »Herren von Kürnbach« – später »Herren von Sternenfels«. Im Laufe der Zeit kamen viele Güter durch Erbteilung an das Haus Hessen-Darmstadt und Württemberg. Als 1598 der Kürnbacher Adel ausstarb, erwarb Hessen weitere Ländereien, so dass auf Hessen zwei Drittel und auf Württemberg ein Drittel des Ortes entfielen. Mit der Neuordnung durch Napoleon im Jahr 1810 kam der Württembergische Teil zum Großherzogtum Baden. So teilten sich nun zwei verschiedene Herrschaften, Hessen und Baden, die Amtsgewalt. Es galt somit unterschiedliches Recht über das Dorf bis Dezember 1904, als die Besonderheit des Kondominats aufgelöst und alle Kürnbacher zu Badenern wurden. Bis heute jedoch gibt es in Kürnbach sowohl eine »Hessische« als auch eine »Badische Kelter«.

Auch dieser alte Ofen kann eine Geschichte erzählen.

In der Zeit des Kondominats gab es allerdings vielerlei kuriose Vorkommnisse. So konnte sich mancher Gesetzesbrecher der gerechten Strafe entziehen, in dem er sich »ins Ausland« flüchtete. Dazu bedurfte es oft nur eines Sprunges durch das Fenster in den anderen Ortsteil. An eine Anekdote aus dem Jahre 1903, zur Zeit des Kondominats, erinnert man sich noch heute:

Ein windiger Handwerksbursche, der natürlich die rechtlichen Eigenheiten kannte, soll im badischen Teil das Hemd eines Bauern von der Wäscheleine gestohlen haben. Als dies von der Bäuerin bemerkt wurde, verfolgte sie den davoneilenden Burschen durch die Gassen. In seiner Not flüchtete dieser in einen hessischen Backofen am Ende der Dorfstraße und glaubte, der drohenden Strafe entkommen zu sein. Doch er blieb stecken und das Hinterteil ragte noch heraus. Die erboste Bäuerin versohlte ihm daraufhin mit einem Stock ordentlich den Allerwertesten und schrie: »Do isch badisch!«

(Mit freundlicher Unterstützung der Gemeinde Kürnbach)

Vanillekipferl

1 Vanilleschote	aufschneiden, das Innere auskratzen und mit
200 g weiche Butter	
2 Eigelb	sowie
1 Msp. Salz, 50 g Zucker	zu einer glatten Creme rühren.
100 g Mandeln (geschält, fein gemahlen)	und
280 g Mehl	zufügen, zu einem festen Teig verarbeiten. Den Teig 2 Stunden kühl stellen. Den Teig dann in 3 Teile teilen und jeweils zu einer etwa 3 cm dicken Rolle formen. Davon etwa 1 cm dicke Scheiben abschneiden und diese mit der Handfläche zu einem Kipferl formen. Auf ein mit Backpapier belegtes Blech legen und bei 160 °C (Umluft) etwa 15 Minuten hellgelb backen. Die noch heißen Vanillekipferl in
Vanillezucker	wälzen.

Walnuss-Baiser

2 Eiweiße	zu Schnee schlagen.
100 g Puderzucker	und
1 Pck. Vanillezucker	zufügen, so lange rühren, bis eine zähe Creme entstanden ist.
200 g Walnüsse	grob zerbrechen, unterheben. Mit 2 Teelöffeln kleine Häufchen auf ein mit Backpapier belegtes Blech aufsetzen. Bei 125 °C (Umluft) etwa 30 bis 40 Minuten backen, bis sie sich vom Papier ablösen lassen.

Ein Teller mit Vanillekipferl, Walnuss-Baiser, Hildabrötchen …

Weihnachtskonfekt

Eierlikörtrüffel

200 g weiße Schokolade	in einen Topf geben und im Wasserbad schmelzen lassen. Mit
50 g weiche Butter	sowie
80 ml Eierlikör	
2 Pck. Vanillezucker	verrühren. Kalt stellen, bis man mit den Händen Kugeln formen kann. Die Kugeln in
100 g Kokosflocken	wälzen. Kalt aufbewahren.

Rumtrüffel

60 g Butter, 2 EL Sahne	mit
60 g Zucker	glatt rühren.
20 g Kakao, 1 EL Rum	zufügen.
250 g Zartbitter-Schokolade	reiben und alles vermengen. Die Creme so lange kalt stellen, bis man mit den Händen runde Kugeln formen kann. In
150 g Schokoladenstreusel	wälzen. Kalt aufbewahren.

Wolkenhimmel in Sprantal – früh morgens, bevor der Tag erwacht

Extrafeines Schokokonfekt

Von Oma Hilde aus Bauschlott

250 g Kokosfett	in einen Kochtopf geben und bei geringer Hitze bis zum Siedepunkt schmelzen lassen. Von der Herdplatte nehmen und sofort
150 g Puderzucker	einsieben. Mit
1 Pck. Vanillezucker	
3 EL Sahne	sowie
250 g Schokoladenpulver (Trinkschokolade)	verrühren.
2 Eier	mit einem elektrischen Rührgerät nacheinander in die Masse einrühren.
2 EL Rum (80 Vol.-%)	zugeben. Nun ein Gefäß herrichten: Backpapier dreilagig zusammenfalten und damit den Boden der Längsseite des Behälters so auslegen, dass man später mit dem überstehenden Papierrand den Schokoladenkuchen herausnehmen kann.
6 Lebkuchen-Oblaten (mind. 10 x 14,5 cm)	Den Boden mit einer Oblate auslegen. Einen Soßenlöffel mit der Schokoladenmasse füllen und damit die Oblate etwa 2 bis 3 mm dick (bis knapp vor die Ränder) bestreichen. Die nächste Oblate auflegen. Nicht festdrücken. Wieder die gleiche Menge Schokolade aufstreichen und so verfahren, bis die Creme aufgebraucht ist. Mit einer Oblate abschließen. Das Ganze 2 Tage kalt stellen. Erst dann die Ränder mit einem scharfen Messer lösen und den Kuchen mit Hilfe des Backpapiers herausnehmen. Mit einem Lineal und einem scharfen Messer in etwa 2 bis 3 cm große Quadrate oder Rechtecke schneiden, im Kühlschrank aufbewahren und zwischen Weihnachtsgebäck servieren.

Der Behälter muss der Größe der Oblaten entsprechen, damit die Schokoladenmasse nicht ausfließen kann. Bei einer Oblatengröße von 10 x 14,5 cm benötigt man etwa 5 bis 6 Oblaten.

Extrafeines Schokokonfekt

Schoko-Knusper-Konfekt

300 g Halbbitter-Schokolade	sowie
200 g Vollmich-Schokolade	in einem Topf mit
1 TL Butter	im Wasserbad schmelzen lassen.
150 g Cornflakes	grob zerstoßen, zugeben.
150 g Kokosflocken	sowie
100 g Mandelstifte	
2 Pck. Vanillezucker	unterrühren. So lange kühl stellen, bis die Schokolade fast fest ist. Mit 2 Teelöffeln kleine Häufchen formen und auf ein mit Alufolie belegtes Blech setzen. So lange kalt stellen, bis das Konfekt fest ist und von der Folie abgelöst werden kann. Kühl in Blechdosen aufbewahren.

Verwenden Sie nur gute Schokolade, entsprechend fein schmeckt das Konfekt.

Eingang zum Wasserschloss in Kürnbach

Rückseite des Wasserschlosses Kürnbach

Quittenspeckle – Quittenbrot

Von Gerhard Zück, Faust-Apotheke Knittlingen

1 kg Quitten	waschen, vierteln, Kernhaus entfernen, mit
125 ml Wasser	sowie dem Saft (Schale aufbewahren) von
1 Zitrone	etwa 45 Minuten weich kochen. Die Flüssigkeit über ein Haarsieb ablaufen lassen und für Gelee (Rezept S. 147) verwenden. Das Mus auspressen, pürieren und in einer Pfanne mit möglichst großer Bodenfläche mit
250 g Gelierzucker	vermischen.
Je 1 TL Koriander, Ingwer	sowie
½ TL Zimt	
je 1 Prise Nelken, Kardamom	und die geriebene Zitronenschale zufügen. Bei mittlerer Temperatur mit einem Holzspatel so lange rühren, bis eine zähe Masse entstanden ist (etwa 1 Stunde). Wenn man mit dem Spatel durch das Mus fährt, muss der Topfboden wie eine »Straße« zu erkennen sein. Die Masse auf ein mit Backpapier ausgelegtes Blech streichen und im Backofen bei 100 °C (Umluft) mindestens 3 Stunden trocknen lassen. In große Platten schneiden und in dicht schließenden Behältern aufbewahren. Erst vor dem Verzehr in
Puderzucker oder Kokosraspel	wenden und in kleinere Stücke oder Rauten schneiden, da diese relativ schnell aushärten.

Es ist zu empfehlen, das Quittenbrot zuzubereiten, wenn man Quittengelee (Rezept S. 147) einkochen möchte, da man dann den angefallenen Saft gleich weiter verwenden kann.

Blick aus dem Klosterfenster Maulbronn

Brombeerlikör

Von Anneliese Albert aus Bauerbach

1½ kg Brombeeren	waschen, gut verlesen und mit Küchenpapier trocken tupfen. In einen Kochtopf geben und mit
1½ l Rotwein (halbtrocken)	sowie
800 g Zucker	
1 Stange Zimt	
1 Vanilleschote (aufgeschnitten)	30 Minuten köcheln lassen. Die Flüssigkeit abseihen und abkühlen lassen.
1½ l Rum (54 Vol.-%)	zugeben und in Flaschen füllen. Sofort verschließen und etwa 2 Wochen kühl lagern.

Kaffeelikör

Von Anneliese Albert aus Bauerbach

250 g Bohnenkaffeepulver	mit
500 ml Wasser	aufkochen, dann durch ein Haarsieb seihen. Die Flüssigkeit abkühlen lassen.
500 g Zucker	mit
250 ml Wasser	unter Rühren kochen, bis sich der Zucker aufgelöst hat. Nach dem Abkühlen mit dem Kaffee und
1 l Obstschnaps oder Korn	vermischen. In Flaschen abfüllen und sofort verschließen. Kühl aufbewahren.

Unterkiefer des Homo Erectus Heidelbergensis

Eierlikör

Von Trixi Schuster aus Bauerbach

8 Eigelbe	in eine Rührschüssel geben und mit
3 Pck. Vanillezucker	sowie
200 g Puderzucker	über Wasserdampf schaumig rühren. Nach und nach
170 g Kondensmilch (10% Fett)	zugeben und so lange rühren, bis die Masse etwa 70 °C heiß ist. Vom Herd nehmen und
500 ml Obstschnaps oder Weizenkorn	unterheben. In Flaschen füllen und an einem kühlen Ort aufbewahren.

Eierlikör sollte vor dem Ausschenken gut geschüttelt werden. Falls er nicht vorher getrunken ist, hält er sich mindestens zwei Monate.

... wie damals im Mittelalter

Holundersirup

Von Claudia Fesenbeck aus Flehingen

25 Holunderblütendolden	von den groben Stängeln abschneiden und dabei etwaige Insekten entfernen. Die Holunderblüten in ein Gefäß (mindestens 3 Liter Volumen) geben.
2 Zitronen (unbehandelt)	auspressen und über die Blüten gießen, die Zitronenschalen in Streifen schneiden und dazugeben.
1½ l Wasser	zum Kochen bringen und
1½ kg feiner Zucker	einrühren, so lange kochen, bis die Lösung klar wird.
40 g Zitronensäure	mit einem Teil von der heißen Flüssigkeit auflösen und unter das Zuckerwasser rühren. Alles kochend heiß über die Blüten gießen und zugedeckt 3 Tage stehen lassen. Anschließend die Flüssigkeit durch ein feines Sieb gießen und in saubere Flaschen füllen.

Anstatt der Zitronensäure kann man auch Zitronensaft zugeben. Einen Schuss Holundersirup in ein Glas Mineralwasser oder Sekt gießen und genießen. Die Holunderblüten sollten bei sonnigem Wetter gesammelt werden, dann duften sie am intensivsten.

Holunderblüte im Sonnenlicht

Die Burg Neidenstein

Erdbeerbowle

1 kg Erdbeeren	waschen, entstielen, halbieren und in ein Gefäß geben.
100 g feiner Zucker	darüber streuen.
2 Zitronen (unbehandelt)	in dünne Scheiben schneiden und zugeben. Zugedeckt etwa 2 Stunden kalt stellen. Der Zucker sollte sich aufgelöst haben. Den Erdbeersaft abseihen und beiseite stellen. Die Erdbeeren mit
1 l Weißwein (Riesling, trocken)	übergießen und weitere 2 Stunden kalt stellen. Vor dem Anrichten den Erdbeersaft und
1 l Sekt	aufgießen, kühl servieren.

Es sieht sehr dekorativ aus, wenn die Bowle mit einzelnen Melisseblättchen serviert wird.

Erdbeerpflücken auf dem Erdbeerfeld

Blick in den Garten des Schlosshotels in Michelfeld

August und Karl Aschinger – Berliner Großgastronomen

August Aschinger

August Aschinger, der jüngere Bruder von Karl Aschinger wurde am 8. April 1862 in Oberderdingen geboren. Sein älterer Bruder Karl erblickte am 19. Oktober 1855 das Licht der Welt ebenfalls in Oberderdingen. Die beiden wuchsen in sehr bescheidenen Verhältnissen im Kreise von acht Geschwistern in der Friedhofgasse – heute Aschingerstraße – auf. Da der Vater früh verstarb, mussten die Kinder sehr bald aus dem Haus und für sich selbst sorgen. Der große Bruder Friedrich, der 1845 geboren war, arbeitete bereits in Berlin und veranlasste seine beiden Brüder, ebenfalls nach Berlin zu kommen. So arbeitete August als Koch, der andere als Kellner und einer betrieb eine Schnapsbrennerei.

August Aschinger heiratete im Alter von 26 Jahren Helene Neumann, die Tochter einer gut situierten Berliner Familie. Mit deren Mitgift gründete er 1892 zusammen mit seinem Bruder Karl in der Neuen Roßstraße 4 in Berlin ein erstes Bierlokal – Aschingers Bierquelle. Im Laufe der nächsten Jahre eröffneten die Brüder in allen Teilen der Stadt Filialen, die so genannten Stehbierhallen. Später kamen auch Cafés und Restaurants dazu, in denen man schnell, sehr gut und billig essen konnte. Legendär ist Aschingers Erbsensuppe, die nur 50 Pfennig kostete und zu der es kostenlos Brötchen gab, so viel man essen konnte. So wurden die Aschinger Lokale vor allem bei Studenten und der ärmeren Bevölkerung sehr schnell beliebt und begehrt.

Aschingers konnten expandieren und gründeten neben den Gastronomiebetrieben auch eine eigene Großbäckerei sowie eine eigene Wurstfabrik für ihre Wurstwaren, die ebenso reißenden Absatz fanden. Ihr Erfolg ermöglichte nun die Gründung eigener Brauereien, einer Selterswasserfabrik sowie einer Großwäscherei und einer zentralen Großküche.

Die Lokale sollten nun auch vornehm wirken und ebenso die betuchten Berliner einladen. Deshalb wurden sie mit Kron-

Aschinger-Gebäude in Berlin

leuchtern, Spiegeln und mit im Jugendstil aufwändig gestalteten Schaufenstern ausgestattet. So wurden die Lokale im Berlin der 1920er Jahre schließlich zum Treffpunkt aller Schichten aus dem Volk und der besseren Gesellschaft sowie der Kunst- und Kulturszene. Zu »Aschinger's gehen« wurde in Berlin Kult und für Berlinbesucher zu einem absoluten Muss.

Bereits 1894 musste zum Beispiel das große Lokal am Alexanderplatz erweitert werden und Aschingers konnten ihre »Bierquellen« auf 30 Standorte im gesamten Berliner Stadtgebiet erweitern. Das große Unternehmen machte eine Umwandlung in eine Aktiengesellschaft notwendig. So wurde im Jahr 1900 die Aktiengesellschaft »Aschinger Bierquelle« gegründet und sechs Jahre später in die »Aschinger Aktiengesellschaft« umbenannt. Die Aschinger-AG stieg nun auch in die Hotelbranche ein und erwarb jetzt das »Weinhaus Rheingold« am Potsdamer Platz, das Luxushotel »Fürstenhof« und bis 1913 das »Palasthotel«.

Die beiden Brüder waren inzwischen von der Direktion zurückgetreten, arbeiteten jedoch bis zu ihrem Tode (Karl verstarb 1908, August zwei Jahre später) im Aufsichtsrat der Aktiengesellschaft mit. In den »goldenen zwanziger Jahren« erwarb die »Aschinger-AG« sogar die Aktienmehrheit der Berliner Hotel-Gesellschaft. Bereits

Aschingers fünfte Bierquelle in Berlin

Geburtshaus von Aschinger in Oberderdingen

zehn Jahre später war die »Aschinger-AG« zu Europas größtem Restaurant- und Hotelkonzern aufgestiegen und beschäftigte nun über 5000 Mitarbeiter. Das berühmte »Café Kranzler« gehörte ebenso zum Konzern wie nach der »Arisierung« das renommierte »Hotel Kempinski«.

Im Zweiten Weltkrieg wurden nahezu alle Gebäude des Konzerns zerstört, die im Ostteil Berlins gelegenen Häuser enteignet und verstaatlicht. Das bedeutete das Aus der Aschinger-Ära. Nach dem Kriege wagte man einen Neuanfang. Es entwickelte sich ein mittelständisches Unternehmen mit einer Konditorei und zwei »Bierquellen«, die jedoch 1976 schließen mussten.

Trotz des Erfolges vergaßen die Brüder Aschinger nie ihren Heimatort Oberderdingen. Viele Einwohner fanden bei ihnen Arbeit und Brot. Nach dem Tode von Karl Aschinger oblag die Führung August Aschinger, der sich persönlich um sämtliche Belange des Unternehmens kümmerte. Als Zeichen seiner Verbundenheit vermachte er sein Geburtshaus der Heimatgemeinde und beschenkte an seinem Geburtstag sämtliche Schulkinder. Als Dank und Anerkennung für seine Wohltaten wurde ihm 1910, ein Jahr vor seinem Tod, als erstem Bürger Oberderdingens die Ehrenbürgerwürde verliehen. Ebenso ist die heutige Festhalle nach ihm benannt. In seinem Elternhaus, dem »Aschingerhaus«, ist heute ein Museum untergebracht, das die Lebensgeschichte der drei Ehrenbürger August Aschinger, Karl Fischer und Heinrich Blanc beschreibt.

Familiengrab der Aschingers in Berlin

Pfefferminzlikör

4 Zweige Pfefferminz	waschen, gut abtropfen lassen und mit den Stielen nach oben in ein Gefäß (am besten ein Einmachglas) stellen.
1 Hand voll Pfefferminzblätter	waschen, trocken schleudern und dazugeben.
3 Gewürznelken oder 1 EL Koriander	in einem Mörser grob zerstoßen und zufügen. Mit
700 ml Korn (42 Vol.-%)	übergießen. Das Gefäß gut verschließen und etwa 8 Wochen zimmerwarm (aber nicht hell) stehen lassen. Den Likör zwischendurch mehrmals gründlich durchschütteln.
100 ml Wasser	erhitzen und darin
150 g Zucker	unter Rühren auflösen. Den Pfefferminzansatz durch ein feines Sieb gießen und mit dem Zuckersirup nach Geschmack süßen. Den Likör in eine mit kochend heißem Wasser ausgespülte Flasche füllen und gut verschließen. Bei Zimmertemperatur an einem dunklen Platz weitere 8 Wochen reifen lassen.

Damit die zart-grüne Naturfarbe des Likörs nicht verloren geht, sollte dieser in einer dunklen Flasche aufbewahrt werden.

Lichterspiel an einem Herbstabend

Johannisbeerlikör

200 g schwarze Johannisbeeren	sorgfältig verlesen, waschen, abtropfen lassen, entstielen und in eine sauber gespülte Glaskanne geben.
1 Zweig Pfefferminze	sowie
200 g weißer Kandiszucker	
3 – 4 Wacholderbeeren	
je ½ TL Fenchel- und Anissamen	
1 Lorbeerblatt	zugeben und mit
700 ml Korn	auffüllen. Die Flasche gut verschließen oder mit Folie zubinden und 6 bis 8 Wochen an einen hellen Ort, z.B. ans Küchenfenster stellen. Dann die Flüssigkeit durch ein Sieb gießen und den Likör in kleine Flaschen abfüllen. Kühl aufbewahren.

Im Schnapsmuseum Bönnigheim

Geheime Schnapsbrennerei –
zu sehen im Schnapsmuseum Bönnigheim

Rotwein-Bowle

1 frische Ananas	in Würfel schneiden.
2 – 3 Orangen	schälen und in Stücke schneiden, alles in eine Schüssel geben.
300 g Mandarinen (1 Dose)	
1 Stange Zimt, 1 TL Honig	sowie den Saft von
1 Zitrone	und
750 ml Rotwein	zufügen, 2 bis 3 Stunden im Kühlschrank ziehen lassen. Vor dem Anrichten mit
1 l Sekt	auffüllen und kalt servieren.

Schneewittchen-Bowle

1½ l Multivitaminsaft (gekühlt)	in einem Bowlegefäß mit
2 l Sekt (gekühlt)	mischen.
500 g Vanilleeis	in Kugelform abstechen, zugeben und sofort servieren.

Eine »gehaltvollere« Variante: Legen Sie einen Tag zuvor eine beliebige Menge Kirschen oder Pfirsiche in den Multivitaminsaft und 250 ml Wodka ein. Geben Sie kurz vor dem Servieren den Sekt und das Eis dazu.

Rapsfelder im Kraichgau

»Hocketse« beim Backfest in Neipperg

Walnusslikör

Von Claudia Fesenbeck aus Flehingen

Die Walnüsse für den Likör pflückt man um den Johannistag (24. Juni).

10 – 12 Walnüsse	waschen und grob zerschneiden. Zusammen mit
400 g Kandiszucker	
10 Nelken, 2 Zimtstangen	sowie der abgeriebenen Schale von
1 Zitrone	in ein etwa 3 Liter fassendes, verschließbares Gefäß geben. Mit
1 l Cognac oder Obstschnaps	auffüllen. Zugedeckt etwa 6 bis 8 Wochen an einen warmen Ort stellen. Ab und zu umrühren, damit sich der Kandiszucker auflöst, dann filtrieren und in Flaschen abfüllen.

Winter in Zaisenhausen

Kalte Ente

1 Zitrone (unbehandelt)	in Scheiben schneiden und mit
200 g Zucker	
2 l Weißwein	sowie
1 l Mineralwasser	in einem Bowlegefäß verrühren. Einige Stunden kühl stellen. Kurz vor dem Servieren
1 l Sekt (gekühlt)	zugeben.

Himbeerlikör aus Bönnigheim-Hofen

500 g frische Himbeeren	in einem Topf mit
500 g Zucker	vermischen und zugedeckt 2 Tage lang ziehen lassen. Dabei öfter umrühren, bis sich der Zucker ganz gelöst hat.
1 l Korn (etwa 40 Vol.-%)	zugießen und 2 Tage stehen lassen. Durch ein Haarsieb seihen und in Flaschen abfüllen.

Sehr gut schmeckt der Likör auch aus entsteinten Sauerkirschen.

Weizenbier-Bowle

1 frische Ananas	in Würfel schneiden und in eine Schüssel geben.
750 ml Mineralwasser	sowie
1 l Weizenbier (2 Flaschen)	dazugeben und kurz vor dem Anrichten mit
1 l Sekt	auffüllen.

Fachwerkhaus in Bönnigheim

OFFEN FÜR
IDEEN
Die einzige voll versenkbar
Backofentür SLIDE & HIDE®.
www.neff.de
NEFF
schreibt Küchengeschichte

Maße und Gewichte

1 gestr. EL Fett	15 g
1 gestr. EL Mehl	10 g
1 geh. EL Mehl	15 g
½ kg	500 g
1 kg	1000 g

1 Liter	1000 ml / 1000 ccm
¾ Liter	750 ml / 750 ccm
½ Liter	500 ml / 500 ccm

Abkürzungen

Msp.	Messerspitze
EL	Esslöffel
geh. EL	gehäufter Esslöffel
gestr. EL	gestrichener Esslöffel
TL	Teelöffel
geh. TL	gehäufter Teelöffel
gestr. TL	gestrichener Teelöffel
g	Gramm
kg	Kilogramm
ml	Milliliter
cl	Zentiliter
l	Liter
ccm	Kubikzentimeter
Pck.	Päckchen
°C	Grad Celsius
TK	Tiefkühlkost

Rezeptregister, alphabetisch

A

B

C/D/E

Hühner-Pferde
HOF
Otto Burkhard
Regionale Produkte frisch vom Erzeuger
Eier aus Bodenhaltung
Am Derdinger Brünnle
75015 Bretten
Tel. (0 72 52) 4 15 43 · Fax (0 72 52) 53 79 11
Do.–Fr. 8 bis 12 Uhr und 17 bis 19 Uhr
Sa. 8 bis 14 Uhr
Nudeln
aus eigener Herstellung

Bäckerei
Leonhardt
Konditorei
ofenfrische Qualität
Leonhardt Bäckerei
Pforzheimer Straße 23 · 75015 Bretten
Telefon: (0 72 52) 17 48
Foto: S. Hofschlaeger/pixelio

Gasthaus ADLER
in Großvillars
• Gutbürgerliche regionale Küche
• Fremdenzimmer
Wir haben für Sie geöffnet:
Mo. bis Do. 17 bis 24 Uhr · Sa. 16 bis 24 Uhr · Sonn- und Feiertag durchgehend warme Küche · Fr. Ruhetag · Wandergruppen und Festlichkeiten auch außerhalb der Öffnungszeiten
Gasthaus Adler · Heilbronner Straße 8 · 75038 Großvillars
Tel. (0 70 45) 36 50 · Fax (0 70 45) 88 70

Hofladen
Hofladen, Backstube und vieles mehr...
Frische & Qualität
Luisenhof
Familien Bitterich und Stein
75038 Oberderdingen - Flehingen,
Tel: 07258 / 262
www.hofladen-luisenhof.de
Im Hofladen:
- Obst und Gemüse von A-Z
- Milchprodukte, Eier
- Wurst- und Teigwaren
- Fruchtaufstriche
- Geschenkkörbe
- Nudelsträuße uvm.
Aus unserer Backstube:
- Di /Do/Fr/Sa: Bauernbrot
- Freitag großer Backtag: versch. Körnerbrote, Hefezopf, Blechkuchen, Linzertorten, uvm.
Öffnungszeiten im Hofladen:
Di./Mi./Do. 9.00 – 12.00 h + 15.00 – 18.00 h
Freitags durchgehend 9.00 – 18.00 h
Sa. 9.00-12.00 h
Montags geschlossen

F

G

H

V/W

Z

Bildquellennachweis

Seite 3: Kraichgau-Stromberg-Tourismus e.V.; 5: (kl.) Gemeinde Oberderdingen; 8: (kl.) Thomas Rebel; 9: (gr.) Thomas Rebel; 11: (gr.) Dietmar Gretter; 18: (kl.) Jens Schmidtgen; 25: (gr.) Kurt Sartorius; 28: (gr.) Mathias Kurz; 31: (gr.) Gemeinde Pfaffenhofen; 38: (gr.) Freizeitpark Tripsdrill; 39: (2) Sigrid Haug; 64: (kl.) Walter Meffle; 67: (gr.) Dietmar Gretter; 73: (gr.) Dietmar Gretter; 78/79: Fridus Klaasen; 87: (kl.) Monika Wein; 96: (kl.) Ludwig Bez; 101: (oben [Bertha Benz]) Rudolf Vögele; 102: (gr.) Rudolf Vögele; 104/105: Dietmar Gretter; 109: (gr.) Gemeinde Kürnbach; 110: (kl.) Anke Rieth; 111: (kl.) Stadt Bönnigheim; 112: Stanislaw Tkatschenko, Moskau; 114: (2) Stanislaw Tkatschenko, Moskau; 115: (gr.) Stanislaw Tkatschenko, Moskau; 117: (gr.) Walter Meffle; 122: (kl.) Walter Meffle; 126/127: (4) Anneliese Albert; 141: (kl.) Orchideenarbeitskreis Bretten; 143: (gr.) Renate Hörner; 145: (gr.) Sigrid Haug; 145: (kl.) Gemeinde Kraichtal; 148/149: Sigrid Haug; 153: (gr.) Gudrun Martin; 154: (gr.) Gudrun Martin; 156: (kl.) Walter Meffle; 157: (gr.) Walter Meffle; 164/165: (gr.) Thomas Rebel; 168: (gr.) Walter Meffle; 170: (kl.) Walter Meffle; 172: (gr.) Gemeinde Bönnigheim; 177: (kl.) Walter Meffle; 180: (gr.) Alfred Schroth; 183: (kl.) Walter Meffle; 188/189: (4) Gemeinde Oberderdingen; 190: (gr.) Gemeinde Oberderdingen, Umschlag hinten (u.l.): Dietmar Gretter

Alle übrigen Fotos: Waltraud König